农村基层治理与乡村振兴战略协同推进研究

于 欢◎著

哈尔滨出版社
HARBIN PUBLISHING HOUSE

图书在版编目（CIP）数据

农村基层治理与乡村振兴战略协同推进研究／于欢
著. -- 哈尔滨：哈尔滨出版社，2025.1
ISBN 978-7-5484-7940-6

Ⅰ. ①农… Ⅱ. ①于… Ⅲ. ①农村-社会管理-研究
-河北②农村-社会主义建设-研究-河北 Ⅳ.
①C912.82②F327.22

中国国家版本馆 CIP 数据核字（2024）第 110897 号

书　名：**农村基层治理与乡村振兴战略协同推进研究**
NONGCUN JICENG ZHILI YU XIANGCUN ZHENXING ZHANLÜE XIETONG TUIJIN YANJIU

作　者：于　欢　著
责任编辑：张艳鑫

出版发行：哈尔滨出版社（Harbin Publishing House）
社　　址：哈尔滨市香坊区泰山路 82-9 号　邮编：150090
经　　销：全国新华书店
印　　刷：北京虎彩文化传播有限公司
网　　址：www.hrbcbs.com
E - mail：hrbcbs@yeah.net
编辑版权热线：（0451）87900271　87900272
销售热线：（0451）87900202　87900203

开　　本：787mm×1092mm　1/16　印张：10.5　字数：183 千字
版　　次：2025 年 1 月第 1 版
印　　次：2025 年 1 月第 1 次印刷
书　　号：ISBN 978-7-5484-7940-6
定　　价：58.00 元

凡购本社图书发现印装错误，请与本社印制部联系调换。
服务热线：（0451）87900279

前　　言

乡村,那片广阔而富饶的土地,拥有优美的环境和纯朴的民风,不仅是休闲旅游的理想之地,更是我们国家的重要基石。我们必须充分挖掘乡村的潜力,唤醒那些沉睡的力量,推动乡村的全面振兴,将其打造成为美好、幸福、和谐的乐土。我国作为一个典型的农业大国,乡村占据着广阔的土地,农村人口众多,农业发展潜力巨大。因此乡村在我国的地位举足轻重。乡村的强大与富有,直接关系国家的强盛与富有。一旦乡村发展滞后,城乡差距就会加大,这对我国综合国力的提升将造成严重影响,甚至可能引发一系列社会矛盾。党和国家深知乡村振兴的重要性,正在一步步探索乡村发展的最佳路径,丰富乡村发展的内涵和外延。我们坚持党的核心领导地位,调动全体国民的力量,全力推动乡村的发展。我们颁布了一系列惠农政策,加大对乡村的扶持力度,促进城乡资源的顺畅流动,加快城乡经济、文化、科技、社会、生态等领域的融合发展。我们高度重视"三农"问题的解决,关注民生问题,将各项优惠政策、福利、补贴真正落实到每一个家庭、每一个人,让全体人民感受到党和政府的辛勤付出和深切关爱。这是我们的责任和使命,也是我们作为中国人民的骄傲和幸福。

本书一共分为八个章节,主要以农村基层治理与乡村振兴战略协同推进为研究基点,通过本书的介绍让读者对农村基层治理与乡村振兴战略有更加清晰的了解,进一步摸清当前农村基层治理的发展脉络,为乡村振兴的研究提供更加广阔的思路。在这样的一个背景下,农村基层治理与乡村振兴战略协同推进的理论研究仍然有许多空白需要填补,农村基层治理与乡村振兴需要运用现代的发展理论、观念和科学方法,需要在已有的基础上进一步深入地开展研究工作,以适应不断发展的新形势。

目　　录

第一章　乡村振兴战略概述

第一节　乡村振兴战略的背景

一、以城带乡、积极惠农

(一)以城带乡关系逐步确立

随着时间的推移,城乡之间的差距逐渐缩小,两者之间的关系也开始发生改变。如今,我们国家正朝着城乡共同发展的目标迈进,为全体人民创造更加美好的未来。

为了乡村的持续发展,必须关注并解决乡间百姓最关心的问题,让他们切实感受到国家的扶持和关爱,这样才能够让人民过上幸福、满足的生活。一直以来,我国政府都在积极采取措施,努力满足广大农民群众的需求,通过一系列实际举措,确保大家的基本生活和权益得到保障。首先,政府在全国范围内率先免除农村义务教育的学杂费,这一举措大大缓解了农村家庭的教育负担,让每个孩子都有机会接受教育,从而推动了乡村教育的普及和发展。其次,政府推行了农村最低生活保障制度,对于那些真正陷入贫困的家庭和个人,按月发放生活补助,这使得贫困人口的温饱问题得到了一定程度的解决。最后,政府积极推动新型农村合作医疗制度的实施,使农民在生病住院时能得到一定的保障,有效降低了因病致贫和因病返贫的发生率。

党和国家致力于寻求社会经济的快速稳步发展策略,根据时代变化,不断探索创新发展的途径,改进发展理念和战略,确保我国的发展始终保持在正确的轨道上。2004年,农村发展进入关键阶段,"三农"问题成为工作重心,为未来以城带乡的政策理念打下了坚实基础。从那时起,每年的中央一号文件都高度重视"三农"问题的解决,为乡村发展提供了日益完善的制度保障,并制定了一系列切实可行的惠农政策,让广大农民群众真正享受到实惠。此外,在党的二十大报告中,"三农"问题多次被提及,报告强调全面推进乡村振兴,坚定不移地优先发展农业农村,巩固和拓展脱贫攻坚成果,加快建设农业强国。报告还着重提到了乡村产业、人才、文化、生态、组织的全方位振兴,以及粮食安全的坚实基础,坚决守住十八亿亩耕地红线,确保我国人民的饭碗始终牢牢掌握在自己手中。

(二)中央财政逐渐倾向乡村

我国财政政策在农业领域的补贴最初集中在良种上,并逐年扩大覆盖范围。从单一的高油大豆品种开始,逐步增加至包括高油大豆和优质小麦两个品种,然后进一步扩展到涵盖大豆、小麦、水稻和玉米等四个主要农作物品种。最近,补贴范围已经扩大到包括主要和次要农作物品种,有效提高了农业生产力,增加了农民的收入,为我国经济发展奠定了坚实的物质基础。

随着时间推移,中央财政政策对农村的扶持力度和范围逐渐加大。在农业机械购置和农业生产资料方面,大量资金被投入,总额高达数千亿元。这一举措取得了显著成效,推动了乡村农业机械化水平的提高,同时缓解了农业生产面临的压力。

党和政府对于农村发展的制度建设一直走在探索前进的路上,如鼓励农民进行土壤成分检测和配方施肥工作的推广,费用可以酌情申报补贴;号召"科技入户",对于先进示范者给予表彰奖励;积极引领农村承建自己的小型水电站,给予一定力度的资金和人才技术的帮扶;在一些省份推行农业保险试点,期间的一切费用由国家财政补贴;开启社会主义新农村的建设,着力推进乡村村容的整改;再到如今充分发挥党的优势,以党为领导核心,调动一切国民力量,大力振兴乡村,促进城乡的融合发展。如此种种都是我国一代又一代国家领导人的智慧和心血的凝结,全心全意为人民服务,一心一意为乡村谋发展、寻出路,让乡村的发展更加全面、深化,让我国国民的生活更加和谐、美好。

政府财政上对于农业的各项补贴于"三农"问题的解决是十分有益的,让乡村的整体实力得到了有效提升,让乡村的振兴不再遥不可及。

(三)取消农业税

市场经济日益活跃,财政收入不断上升,让我国的综合财力得到了显著的增长,也有了稳定的保障,因此党和政府在经过深思熟虑之后决定废止农业税的各项条例,将农民们从繁重的赋税之中解放,还农业以自由。

二、城乡一体促农发展

经过党中央和地方政府各项政策的大力扶持,"三农"落后的态势有所缓解,基本实现了党的十六大中对于城乡经济社会统筹发展的目标。党的十七大中对于我国城乡关系的发展又有了新的认识,着力于推进城乡一体化的发展。

(一)逐步提高农业竞争力

农业的蓬勃发展不能仅依赖于保护措施,更需关注竞争力的提升。只有具备独特性和优势,农业才能保持强劲的发展势头,增强对外部干扰的抵抗力,持续向前发展。此外,发展农业不仅有助于增加农民收入,还能为乡村发展提供持续的动力支持,从而助力我国各个乡村早日实现振兴目标。

1. 财政补贴加大扶持力度

国家和地方财政不断加大对农业的扶持力度,积极在乡村推行惠农政策,确确实实给了农民们很多实际的优惠。

2. 推进农业补贴的制度保障

财政部、农业部联合颁布了多项文件,如《关于调整完善农业三项补贴政策的指导意见》《农业支持保护补贴资金管理办法》等,极力增强农业补贴的落实效果,让补贴实实在在地用在农业生产的优化扩大上。

3. 积极应对经济全球化

全球化是无法逆转的趋势,任何国家都无法置身于事外,在面对全球金融危机之时,我国中央政府迅速做出回应,决定暂时性地实行收储政策,降低农民的风险,稳定农产品市场,保障了农民的利益。

4. 逐步改革农产品价格形成机制

我国在保障农民的基本收益之下,不断降低农产品的收购价格,降低我国人民对于国外产品的依赖程度,早日实现自产自销,让我国的农产品在国际竞争之中凸显出价格优势。

5. 拥护资源配置中市场的决定权

如今是市场经济的时代,逐渐形成了以市场机制为主体的经济制度,市场有其独特的敏锐性和强大的决定权,为了维持正常的运转,会通过价格、供求、竞争等合理的变化和有机的结合,来实现资源在初次分配和再次分配中的自由、灵活、有效、合理配置。

农业竞争力的提升,不是朝夕之间可以实现的,需要克服各种根深蒂固的困难,持之以恒地推进,才能一步步看到希望,走向光明。

(二)大力推动城乡基本公共服务的平衡

党的十七大是一个分水岭,在此之后中央将目光和重心逐渐转移到推动城乡基本公共服务的平衡发展之上,着力让乡村的基本生活条件、基本医疗卫生服务水平有所保障,奋力在乡村构建一套完善、系统的社会公共服务体系。我国党和政府也一直致力于农村医疗保险制度的推进之中,在发展过程中有一些比较关键的节点(见表1-1)。

表1-1　我国农村医疗保险制度的推进过程中关键节点明细表

时间	文件	主要内容	意义
2009 年	《关于开展新型农村社会养老保险试点的指导意见》	2009 年新型农村养老保险试点覆盖全国10%的县(市、区、旗),往后逐渐扩大范围	标志社会养老保险在农村建立的开始
2010 年	《中华人民共和国社会保险法》	建立国际级的新农保制度;明确缴费方式	明确了新农保的法律地位,纳入法律保护范围
2011 年	《中华人民共和国国民经济和社会发展第十二个五年规划纲要》	推进城乡各项基本公共服务的均等化	有效地缩小了城乡两者间在生活条件和公共服务上的差距
2012 年	《关于开展城乡居民大病保险工作的指导意见》	将大病保险与基本医疗养老保险相衔接	极大地降低城乡居民因大病致贫、返贫的概率
2014 年	《国务院关于建立统一的城乡居民基本养老保险制度的意见》	将新农保与城镇居民社会养老保险合并,并与职工医保衔接起来	开启我国进入城乡居民养老保险的新时期
2016 年	《国务院关于整合城乡居民基本医疗保险制度的意见》	全国范围内实行医疗保险的统一化管理	城乡居民在医疗保险上实现完全续接

续表1-1

时间	文件	主要内容	意义
2018年	《关于开展城乡居民基本医疗保险(新型农村合作医疗)大病保险跨省就医一站式结报试点的通知》	推行异地跨省就医就地直接进行医保结算	减少了大家看病的压力,方便了民众
2019年	《关于完善"互联网+"医疗服务价格和医保支付政策的指导意见》	明确各医疗机构在线上线下项目上实行平等支付政策	促进了医疗的平等性,有效地缓解医患关系
2021年	《医疗保障基金使用监督管理条例》	建立健全全国统一的医疗保障经办管理体系	保障医保基金的合理使用

农村医疗保险,可以使广大农民享受到农村医疗保险的实惠,促进医疗卫生资源的公平合理分配,有效地缓解紧张的医患关系,让社会更加和谐、稳定。这是我国社会保障中一项非常关键的制度,是推进我国社会建设的核心环节之一,不断推进城乡基本公共服务的均等化,于国于民都非常有利,是必须不断往前推进的惠民工程。

第二节 乡村振兴战略的内涵

一、城乡关系逐渐走向融合

全球化的趋势势不可当,把世界各国都席卷进了这个浪潮之中,我国也不例外,这既是机遇也是挑战,给我们党和政府提出了全新的要求。改革开放以来我们党和政府从未间断过对城乡关系的探索,从城乡统筹发展,到城乡一体化,再到如今的城乡融合发展,两者的关系逐渐走向融合,推进成效也日益显著,这是全国人民共同努力的结果,是直面全球化的挑战,让我国更好地屹立于世界民族之林的最佳途径。

二、城乡融合必然要求振兴乡村

2017 年经过全党的慎重判断,习近平总书记在党的十九大中宣布我国已经迈入中国特色社会主义的新时代,此举,拉开了我国发展历史上的新方位;此时,乡村振兴战略便顺势而生。

(一)缩小城乡差距的必然要求

尽管我国的综合国力随着时代的发展显著增强,人民的生活水平也得到了极大的提高,但我们仍然无法忽视城乡之间存在的巨大差距。作为一个有着深厚农村背景的国家,我国农村地区的发展一直是一个备受关注的话题。乡村振兴正是解决这一问题的关键,它将农业、农村和农民问题作为发展的核心,致力于改善农村居民的生活条件,推动农业全面、深入地发展。通过引导农民充分发挥他们的主人翁作用,有望实现农村在精神和物质上的同步提升,从而缩小城乡差距。

乡村振兴首先体现在对农业的重视和发展。作为国民经济的基础,农业的发展直接关系国家的粮食安全和人民的生活水平。我国一直重视农业的发展,通过科技创新和农业现代化,提高农业生产效率,增加农民收入。乡村振兴将更加注重农业的可持续发展,通过绿色农业、生态农业等方式,保护农业资源和生态环境,实现农业的永续发展。其次,乡村振兴体现在对农村基础设施的改善。农村基础设施是农村经济发展的重要支撑。我国政府一直致力于农村基础设施的建设,包括道路、水电、通信等基础设施建设,以及教育、医疗、文化等公共服务设施的建设。这些基础设施的改善,将为农村经济发展创造良好的条件,提高农村居民的生活水平。再次,乡村振兴体现在对农民的培训和引导。农民是乡村振兴的主体,他们的素质和能力直接关系到乡村振兴的成败。我国政府将通过农民培训、农村实用人才队伍建设等方式,提高农民的科技素质和生产经营能力,引导农民发展家庭农场、合作社等新型经营主体,激发农民创业创新活力,为乡村振兴提供强大的人力支持。此外,乡村振兴还需要完善政策体系和支持机制。

(二)城镇化的必然要求

城镇化的高速发展,使城市有了更加雄厚的资源,但各种压力和矛盾也随之而来。城市人口激增,导致在衣、食、住、行、游方面的需求大涨,这些都需要厚实的资源支撑,而以工业、商业等行业为主的城市在储备和供应上存在着巨大的缺口,这就需要乡村来弥补。若没有乡村坚实的后盾与城市化的短板相对接,城镇化的发展将岌岌可危。首先,在粮食供应方面,随着城市人口的增加,粮食需求量也相应增大。而粮食生产主要依赖于农村地区,因此,农村地区对于城市粮食供应的重要性不言而喻。只有农村地区粮食生产的稳定增长,才能保障城市居民的粮食需求。此外,农村地区还可以为城市提供丰富的农副产品,满足城市居民对于绿色、健康食品的需求。其次,在劳动力方面,随着城市产业结构的升级,对于劳动力的需求也在发生变化。农村地区拥有丰富的劳动力资源,可以为城市提供大量熟练和非熟练劳动力。这不仅有助于缓解城市劳动力市场的紧张局面,还可以为农村劳动力提供更多的就业机会,提高农民的收入水平。再次,在生态环境保护方面,城市化进程中的工业化和商业化发展给环境带来了很大压力。农村地区具有天然的生态环境优势,可以为城市提供生态产品和服务,如水源保护、空气质量改善、生物多样性维护等。农村与城市的互动,可以实现生态环境的可持续发展,为城市居民创造更好的生活环境。此外,在文化和精神生活方面,城市化进程使得越来越多的农村居民进入城市,成为城市居民。他们不仅带来了丰富的农村文化,也丰富了城市的文化多样性。农村文化在城市中的传播和融合,有助于城市居民在快节奏的生活中寻找心灵慰藉,实现城乡文化的共同繁荣。最后,在社会保障和公共服务方面,农村地区在教育、医疗、社会保障等方面的资源相对匮乏。城市化的发展可以为农村地区提供更加完善的社会保障和公共服务,提高农村居民的生活水平。同时,农村地区可以为城市提供更多的休闲和养生资源,满足城市居民对于美好生活的向往。

(三)农村现代化发展的要求

国家的现代化是一个全面、协调、可持续的发展过程,它离不开农村的现代化。农村地区的发展与进步是实现全面建设社会主义现代化国家目标的重要组成部分。只有乡村振兴了,才能实现农村的现代化,让乡间广大的百姓过上幸福美满的好生活,他们才能更好地为国家效力,加速我国现代化发展进程。乡村振兴首先体现在农业的现代化。农业是国民经济的基础,也是农村地区发展的支柱产业。实现农业现代化,是提高农业生产力、保障国家粮食安全、增加农民收入的关键。这需要我们加强农业科技创新,推广现代农业技术,提高农业生产效率,实现农业的可持续发展。其次,乡村振兴体现在农村基础设施的改善。基础设施是农村发展的基石,直接关系农村居民的生活水平和农村经济的可持续发展。我们需要加强农村基础设施建设,提高农村的交通运输、水利、电力、通信等基础设施水平,为农村经济发展创造良好的条件。再次,乡村振兴体现在农村人居环境的改善。农村人居环境的改善,包括农村居民住房条件、生活环境、生态环境等方面的优化。这需要我们加强农村生态环境保护,治理农村污染,提高农村居民的生活质量,营造优美、宜居的农村人居环境。此外,乡村振兴还需要关注农村教育和文化建设。教育和文化是农村发展的重要支柱,也是提高农民素质、促进农村现代化的重要途径。我们需要加强农村教育和文化建设,提高农村居民的科学文化素质和道德素质,培养有文化、懂技术、善经营、会管理的新型农民。最后,乡村振兴需要完善政策体系和支持机制。政府需要加大对乡村振兴的投入,完善农业支持政策,创新农村金融体系,为农村经济发展提供有力保障。同时,乡村振兴还需要社会各界的支持和参与,形成政府、企业、社会共同推进乡村振兴的良好格局。

三、认识乡村振兴的战略特点

乡村振兴战略目标的制定会集了全党、全国人民的智慧,成为新时代发展的指导方针。这一战略旨在挖掘乡村潜力、发挥乡村优势、促进城乡融合,引领我国人民走向更好、更稳的繁荣富强之路。根据多年的发展经验,我们可以总结出乡村振兴战略的三大特点:全局性、长远性和全面性。全局性体现在明确党在农村工作中的核心领导地位,始终让党总揽全局、协调各方。通过以党为中心,将社会各界和乡村内部的各种力量汇聚起来,共同推动乡村的振兴。长远性表现在将乡村振兴作为长远的发展目标,并制定了分三步走的详细规划。具体而言,到 2035 年,取得决定性进展,农业农村现代化基本实现;到 2050 年,实现全面振兴,将"三农"问题完美解决,让农业强、农村美、农民富。全面性意味着要从根本上改变乡村落后的局面,需要所有领域、所有部门协同发力。这是一个艰巨的任务,也是全面、浩大的工程。通过全面推动乡村振兴战略,我国将迈向更加繁荣富强的发展道路。

四、促进乡村产业的兴旺

乡村振兴必须依靠坚实的物质基础,而物质基础建设的关键在于产业的兴旺,我们要着力打造一个绿色安全、优质高效的乡村产业体系,为农民稳固好创收来源。

(一)做强农业,提升农业竞争力

乡村田地广阔,要充分利用起来,变不利为有利,扬长避短,规避风险,因地制宜地发展农业,将农业做大、做强,形成农村独特的农业竞争力。农业发展的过程中既要重"量"也要重"质",做到科学选种、绿色生产、高效经营,不断优化生产体系和结构,密切关注市场,持续提高产品转化率,推动乡村产、供、销、管理模式一体化的建设,为农民稳固好创收来源。

(二)充分挖掘农业的功能

土地是一切能量的源泉,乡间广阔的土地让农业的效用变得丰富起来,它集经济、生态、社会和文化等功效为一体,是人类生存与发展的坚实基础,我们要充分挖掘农业的各项功能,唤醒沉睡的"母亲"。在农业发展过程中要打造良好的生态环境,让人们生活得更加舒适;要凸显出优秀农耕文明的精髓,点燃国人内心中勤劳、朴实、顽强、拼搏的火种,让社会更加和谐、美好;要着力打造美丽乡村,让乡村变成休闲观光的胜地,为乡村创收,为城市减压,丰富国民生活。

(三)激发农业产业活力,促进产业协调

农业产业的活力应从一定高度着手,打造一个完善的农业产业链体系,加强农产品在原料、加工、生产、销售等环节上的关联度,实现产、供、销、管理一体化,大力发挥农业的规模效应,让各类资源被有效地利用起来,发挥出无穷无尽的魅力。同时也要鼓励乡村发展加工、制造、建筑、旅游、交通、水电等行业的发展,促进农村一、二、三产业的协调与融合发展。

(四)大力发展农业农村服务产业

农业农村服务产业,即农业服务产业和农村服务产业,是近年来逐渐兴起的两大产业,前景十分光明。农业服务产业主要涵盖了良种、农资、农技、培训、信息、流通、休闲、保险等方面的服务,为乡村农业产业的发展排忧解难;农村服务产业主要涵盖了农业再生产和农村经济社会发展等环节上的服务,为

农民的生活提供了极大的便利。所以我们要加大力度发展好农业农村服务产业,推动乡村的振兴。

第三节　乡村治理如何实施振兴战略

一、实施乡村振兴战略的关键所在

(一)合理配置城乡公共服务资源

大量数据证明,乡村产业体系振兴的主要障碍是基础设施的落后。如果基础设施建设得不到改善,乡村的发展将陷入停滞。只有当这个难题得到解决,乡村的全面发展才能摆脱困境,加速前进。

在日常工作中,我们应该合理配置资源,优化城乡资源的布局模式,促进城乡公共服务资源的均衡分布,从而缩小城乡差距,提高乡村的公共服务水平,激发乡村的活力。这样,乡村的发展就能赶上城镇化的步伐,与城市站在同等的高度并驾齐驱。

1. 明确政府和市场的服务界限

在公共服务之中政府和市场的力量同等重要,两者需要有机地结合起来,共同推动各项资源的合理配置,优化城乡资源的布局内容和形式。全面、详细地列出各项公共服务项目明细,明确哪些该由政府把控,哪些该由市场负责,两者之间界限明确,各司其职,违规必究。设定公共服务监督部门,及时发现不标准、不规矩的公共服务项目和人员,督促他们快速地改进,促进公共服务的良性发展。

2. 善于从市场与企业中汲取营养

注重引入多元化的服务方式,挖掘社会资本的潜力,发挥其特色优势;在公共服务之中可以采用竞争与合作的模式,取长补短,发挥优势,实现各个企业和政府双赢的局面,为公众提供更加优质的服务。

3. 培育乡村发展的人才队伍

减少政府的财政压力,善于挖掘社会和乡村本身的力量,并合理利用,带动乡村的健康发展;不断培养专业化的农村领导干部,用实力说话,为乡村的发展干实事。

（二）丰富农村金融力量

乡村产业体系的振兴,需要雄厚、丰富的金融力量来作为支撑,激发各大经营主体的潜能和优势,促进乡村各行各业的迅猛发展,带动乡村的稳步前进,但没有资金和政策的扶持,很多事情将寸步难行。

1. 加大正规金融机构投放力度

大力扶持乡村特色产业、龙头企业、大型农村合作社的发展,放宽贷款限制,降低利息,让利于民;及时更新金融产品内容和形式,为农业产业提供专业化的优质金融服务。

2. 鼓励有条件的农村合作社开展信用合作

农村的发展,最终还得依靠农民。挖掘本土的金融力量,组建自己的信用合作社,是非常有价值和意义的,让乡村经济更具活力。

3. 拓宽农业保险产品的供给

农业发展有其一定的局限性,需要有效地规避一些风险,用保险体系来兜底。

（三）持续走改革之路

改革为社会进步提供了强大动力,乡村发展必须在改革的道路上坚定不移、持续前进,为乡村振兴注入活力。以下是一些关键举措:首先,推动农村集体产权制度改革,旨在激励乡村经营主体,提高其工作积极性,从而加速其发展步伐。其次,优化农村土地资源配置,创新利用方式,使现有土地资源创造出更高的价值。最后,大力推动农业扶持制度和政策的改革,为农产品的推广创造有利条件,促进农业产业的稳定、健康发展。

推动农村集体产权制度改革,核心在于明晰产权归属,保障农民合法权益。这一改革包括农村土地承包经营权、农村集体土地使用权、农村集体经济组织成员权等方面的改革。改革使农村集体经济组织成员能够享有更多的权益,激发他们参与乡村经济发展的积极性。同时,农村集体产权制度改革还可以促进农村土地流转,引导农村土地资源合理配置,提高土地利用效率,为农业现代化创造条件。

优化农村土地资源配置,创新利用方式,是提高农村土地资源使用效益、实现乡村振兴的关键。这需要我们完善农村土地市场体系,推动农村土地有序流转,引导土地经营权合理定价。同时,我们还要鼓励农村土地资源的多功能开发,如发展现代农业、乡村旅游、农村电商等产业,使农村土地资源创造出更高的价值。此外,还要加强农村土地资源保护,坚守耕地红线,保障国家粮食安全。

大力推动农业扶持制度和政策的改革,是促进农业发展、实现乡村振兴的重要保障。这需要我们完善农业支持政策,加大对农业科技创新、农业现代化、农产品质量安全等方面的投入。同时,我们还要推进农业补贴政策的改革,从数量补贴向质量补贴、绿色补贴转变,引导农民种植绿色、有机、安全的农产品。此外,我们还要完善农产品市场体系,提高农产品流通效率,保障农民收入稳定增长。

(四)突破人才和资金瓶颈

乡村振兴的实现关键在于乡村的有效治理和产业全面深化发展,而这两者的瓶颈在于人才和资金,只有突破了,才能早日实现乡村的振兴。

其一,人才不足和缺陷的突破关键在于培育和运用,我们要合理分配人才,加大新型职业农民的培养,促进农业从事者的全面发展,养成终身学习的好习惯;其二,资金不足和缺陷的突破关键在于优化运用,我们要善于挖掘社会各界和乡村本土的资产力量,再辅助上政府的补贴,让乡村的经济活起来。

二、乡村振兴战略路径——"五个振兴"

习近平总书记在全国重要会议中多次强调,乡村的振兴是一个非常浩大的工程,需要统筹规划,详细布局,科学合理地推进。乡村振兴的实施应是全面、系统的,让乡村的产业、人才、文化、生态、组织同步振兴,坚定不移地走"五位一体"的路径,促进乡村实质上的进步。

1. 产业振兴

形成可持续的绿色、安全、高效的乡村产业体系,保证农民的收益。

2. 人才振兴

构建乡村发展的动力源泉,让人才不断往乡村涌,深深扎根于乡村。

3. 文化振兴

为乡村的发展提供精神动力,让乡村由内而外发展,更加全面、恒久。

4. 生态振兴

人与自然应当和谐共生,构建良好的生态环境,让人民生活更舒适。

5. 组织振兴

不断创新乡村治理机制,培育一批又一批卓越的基层党组织领导干部。

三、乡村振兴战略实行关键在村"两委"

乡村振兴是以农村为出发点的,一切规划最终都要在农村落实,而村党支部委员会和村民委员会是推进实行的关键所在,我们要不断激发村"两委"班子的潜能和优势,让他们在乡村振兴之中释放出应有的能量。

村"两委"班子在工作中要以实现乡村"产业兴旺、生态宜居、乡风文明、治理有效、生活富裕"为工作重点和目标,不断学习、不断进步,努力提高自己的综合素质,为村民们做好各项服务,成为人民的好"公仆"。

(一)积极响应党中央号召,改革农村集体产权制度

农村集体产权的良好运用与否直接关系着乡村经济发展和农民集体经济收益的高低。产权制度改革是必然的,这也是党中央在实践过程中所得出的结论。村"两委"班子要积极响应党中央的号召,促进农村集体产权的制度改革,为乡村的发展寻找到更加合适的道路,充分调动资源力量,合理配置产权,为百姓们创造更多收益。

(二)大力扶持农村专业合作社

乡村的发展关键在于激发村民的致富意识,并将其转化为实际行动。基于家庭承包经营的农村专业合作社是一个有效的方式,它可以经济互助的形式,提升村民的共同富裕意识。在这个过程中,村"两委"班子扮演着重要的角色。他们不仅需要大力支持农村合作社的发展,还需要在资源配置和村民积极性调动方面发挥引导作用。通过集合村民的智慧和力量,再加上自身专业特长的优势,共同推动合作社的规范化和系统化发展,从而实现乡村的全面振兴。

第二章　乡村振兴战略背景下的治理理论体系与模式

第一节　农村基层治理的主体

我国政治、经济、社会、文化的全方位、多层次的发展需要挖掘出乡村巨大的潜力，以此为基础缩小乡村与城市的差距，稳定城乡社会，完善乡村政治、经济、社会、文化、科技机制，让广大乡村百姓脱贫致富，思想和精神上也丰满起来，过上和和美美的幸福生活，推动我国改革的进程，促进乡村全面振兴的早日实现。

时代在发展，人也跟随着进步，乡村的各项实力慢慢有了提升，乡村中也形成了一些社会组织，村民们的民主自由思想和意识也逐渐觉醒，大家参与乡村事务的热情和积极性也开始提升。村民们的主人翁意识已经萌生，现在能够大胆地提出自己的诉求，想要追求更加美好富裕的生活。乡村治理的主体在悄然发生着变化，村民们既是乡村治理的主体也是乡村治理的客体，乡村的事务就如同自己的事情一样，这促使我国乡村治理的主体格局日益往多元化推进。

一、农村社会治理主体结构

随着乡村现代化进程的加快，乡村治理主体的多元化格局迅速形成，乡村治理的主体结构也日益完善。

（一）总揽全局主体

乡村治理中基层党组织发挥着总揽全局的作用。在我国，党处于国家治理的核心地位，党有其独特的优势和魅力，因此在乡村治理中也要发挥乡村基层党组织的强大功能，绽放出其总揽全局的主体光芒。

党的先进性和优良传统非常明显，不论是思想上还是行动上都以全心全意为人民服务为出发点。基层党组织要充分发挥自身的优势和独特魅力,强化团队综合力量,完善服务体制,提升领导力和影响力,逐步把乡村人民带入到乡村治理之中。

在日常的工作开展当中,基层党组织要站在一定的高度看问题,详细了解各本土组织、各村民的实际情况,及时、准确、高效地解决他们的难点、重点问题,解决他们的"后顾之忧";也要善于倾听他们的声音,满足他们的合理诉求,激发他们内在的优秀潜能和纯良天性,带领大家一起实现乡村的发展。在与村民相处的过程中把民主思想和民主行为逐步地传递给他们,让他们感受到参与治理的魅力,从而一点点参与到乡村治理中来。

(二)主导责任主体

乡镇基层政府在乡村治理中担负着主导责任,作为政府和乡村之间的联系纽带,乡镇基层政府积极响应上级政策,将各项制度和政策传达给民间。凭借自身优势和权力,乡镇基层政府努力推动乡村发展的均衡和快速推进,成为乡村建设中的直接领导者。

在日常工作中,乡镇基层政府需要持续完善内部运作流程,提升综合治理能力,为乡村提供高质量的服务和精细化的管理。通过优化资源配置,乡镇基层政府要充分挖掘可利用的资源,促进乡村经济发展,逐步构建一个系统化、多元化的治理平台。乡镇基层政府还需激发社会各界的参与热情,使各个主体能顺畅地参与乡村治理,自觉地履行自身的权利和义务。通过积极主动地提升民主意识,乡镇基层政府将助力乡村走向更加美好的未来。

(三)自治参与主体

随着我国各项事业的发展,为其做出了不少贡献的农民的地位也不断提高,逐渐从治理的客体,变为自治参与的主体,在乡村的政务处理中逐步实现了当家作主。

农民是乡村的主人,他们熟悉乡间的每一寸土地,实现农民的高度自治一方面可以激发广大农民的潜能,高效地利用起乡村资源;另一方面也可以均衡发展,促进我国综合实力的全面提升,所以将自治权交给农民,让农民当自己的主人是非常有必要的。但我们要积极引导,大力培育,为乡村的良好健康发展培养一批又一批优秀的队伍,促进乡村的整体变化,让乡村实实在在地变强变大。只有逐步解放农民的思想意识，将乡村经济社会发展起来，才能一步步实现他们行为上的大幅度变化，进一步实现乡村建设的深化发展，让乡村治理的实现成为可能。

（四）社会协同主体

实现乡村治理的目标并非仅依赖于政府和村民，社会组织同样发挥着协同作用。只有激发所有治理主体的积极性，充分利用现有资源，将各种力量有机结合，形成强大的合力，才能有效提升乡村治理成效，推动乡村走向"善治"。

乡村本土的社会组织是由具有相同理想、目标和利益的村民自觉组成的群体。这些组织能够将弱势群体团结起来，汇聚成一股强大的力量，为乡村建设提供智慧支持，积极表达集体诉求。因此，我们应珍视并挖掘这股力量，使乡村治理的内容和方式更加多样化，让民主的阳光普照乡村的每个角落。

二、明确多元治理主体的地位和作用

乡村群体非常庞大，各种各样的人和错综繁杂的问题，参差不齐的文化水平和道德素质，层出不穷的利益纠纷，以及各种自然环境上的局限性都加剧了乡村治理的难度，所以仅仅依靠单纯的力量来治理收效是甚微的，只有大力推进各个主体共同治理，形成多元化的治理格局，利用起这股巨大的合力，才能将困难逐一攻破。

乡村基层党组织保方向、维稳定、促繁荣；乡镇政府讲政策、促建设、分资源；乡村本土组织汇力量、集智慧、同发声；村"两委"当公仆、谋发展、寻出路；村民们重参与、勤动脑、多行动，只有将这些力量激发出来，才能发挥出其强大的作用，为乡村治理的实现，创造条件，提供保障，让村民的生活更加美满幸福。

第二节　农村基层治理的原则与目标

乡村治理是一个漫长而复杂的过程，没有原则的保障将无法正常地运行，没有目标的指引会迷失方向，因此我们要遵守一定的原则，制定相应的目标，才能在乡村治理之路中走得更快、更稳。

一、农村基层治理的原则

原则在乡村治理中是一项基础导线,确定好科学的治理原则,乡村治理才能达到理想的效果。

(一)法治原则

"法"频繁地出现于我国上下五千年的文明之中,早已为我国全面推行法治埋下了根,我们要做的是点燃乡间百姓内心深处的法律火种,让他们拿起强有力的法律武器,捍卫自己正当、合规的权益,更自在地存活于乡间。

1. 朝着法治转型

用强制的法律来保障乡间百姓能够被公平、公正地对待,使他们成为自己的主宰者和领导者,可以自如地行使自我的权利和义务,合法权益不受侵犯。

2. 加速法治现代化进程

依法治村,是乡村现代化文明的重要标志。在乡村中强化村民们的法治思维,健全乡村的法律机制,开辟村民们的法律援助渠道,可以加速乡村的法治化发展,为乡村经济、社会、文化、科技的发展铺平道路,加速乡村的现代化进程。

3. 实现乡村法治化

在依法治村的全面深化推行中,大家不断受到法律的熏陶,慢慢在一言一行中更加合法化,乡村的社会关系变得更加有序、和谐,逐渐实现法治化乡村。

(二)民主原则

民主作为一项治理乡村的基本方式,是推进乡村法治化的基础,也是我国独具特色的治理原则。

1. 响应政策要求

民主的推行是党和政府在不断的探索中得出的一项十分科学的道路,走民主之路,也是走中国的特色之路,打造一个高度自治的民主化村民自治系统于国于民都是非常有益的,我国必须坚定不移地走民主之路。

2. 主体发展需求

时代高速发展着,人们的生活条件变好了,有了更多的闲暇时间和精力,个人和群体对民主的需求也越来越高。

3. 落实社会实践

村民自治的高度实现,需要依靠民主来落实,来推行。只有乡村生活的方方面面都走向民主化,百姓才能放心、大胆地发表自己的心声,做出自己的行动,自觉地参与到乡村治理中来。

(三)权利原则

人人都可以为了实现自己的利益而努力,法律给予大家以权利的保障。遵守权利原则也是实现有效治理乡村的必要手段。

1. 灌输村民权利观念

只有观念上改变了,行为上才有改变的可能性。因此在乡村治理的过程中我们要始终如一地致力于乡村百姓权利观念的改变上,逐步解放大家的思想,释放出自身无限的潜能。

2. 组建权利体系

农民的事情应该交给农民管,很多专家学者如是说。我国现实的发展也是如此,农民的权利慢慢得到保障,未来组建一套完整的乡村权利体系之后,农民将得到更加公平、公正的对待。

3. 将权利下放

乡村的治理应重视广大农民群众的意见,不能全靠村党支部和村委会全权做主,要把农民也拉到乡村政务处理的中心地带,让农民拥有各项权利。

(四)服务原则

乡村公共服务品质的提高是衡量乡村治理创新成效的准则,也是将党、政府和民众完美连接的桥梁。

1. 发挥基层党组织的服务效用

全心全意为人民服务,应是基层党组织所有行动的出发点,党要不断完善自身的领导力,大力地化解百姓生活中的各种矛盾和冲突,有效地解决他们生活中的各种难处和困境,带领大家心无旁骛地发展,一心一意向前进。

2. 提高基层政府公共服务水平

成为人民的公仆,应是基层政府一切行为的出发点,在日常生活中基层政府要注重提升公共服务的水平,让社会管理和社会服务齐头并进,为百姓建造一个基础设施完备、服务流程规范、服务态度好的高效公共服务平台。

3. 增强社会组织的公共服务能力

如今我们要尊重市场的规律,发挥社会组织的各项优势,激发他们服务能力的全面提升,让社会公共服务行业更加公平、公正。

4. 服务的进步应永无止境

社会公共服务的内容和途径在完善与进步之路上,应是个无限上升的过程。为百姓创造优质的服务体验,为百姓提供贴心、细致的服务,是没有尽头可言的,在追求极致上永无止境。

二、农村基层治理的目标

没有目标的人就好像一只无头苍蝇整天忙忙碌碌而没有作为,没有目标的船就会失去方向,迷失在苍茫大海之中,没有目标的乡村治理也是一样,很可能会走上错误的道路,毫无成效可言。

为了早日将乡村治理好,带领百姓过上富裕的生活,我们要将乡村治理的目标确定好,坚定不移地向着目标前进。

(一)政治目标

让乡村社会走向和谐发展之路,是治理乡村的政治目标。和谐发展的内在诉求就是共同发展,将乡村社会中的各项资源合理利用起来,让人与人、人与自然、人与社会、人与乡村实现有机的统一,大家和平共处,保持良好密切的关系,就像家人和朋友间的相处一样,没有冲突,没有纠纷,更没有打斗,大家一起好好地生存发展。和谐是我们全人类共同的追求,和谐的发展可以最大限度地利用起一切资源,让我们人类的力量散发出万丈光芒。

(二)价值目标

切实保障农民权利是治理乡村过程中的价值目标。乡村治理的实现过程中,最主要的是让人民过上好生活,让乡村走向更加富裕之路。因此,要更好地保障农民的合法权利,让他们更加积极主动地参与到村民自治中去。在生活中能够放心大胆地表露自己的心声,能够轻松自如地付诸行动,能够全心全意地投入到改善生活条件的创造活动中去。

首先,保障农民的财产权利。农民的财产权利是农民生活的重要基础,也是农民发展的关键。在乡村治理过程中,要切实保障农民的承包地、宅基地等财产权利,让农民在土地改革中有更多的获得感和安全感。同时,要加强对农民土地承包经营权的保护,让农民在土地流转、征收补偿等方面享有公平、公正的权利。保障好农民的财产权利,使农民在乡村治理中有更多的参与感和获得感。

其次,保障农民的民主权利。农民的民主权利是农民参与乡村治理的重要保障。在乡村治理过程中,要充分发挥农民在村民自治中的主体作用,让农民在村务决策、财务管理、公共基础设施建设等方面享有充分的民主权利。保障好农民的民主权利,使农民在乡村治理中有更多的发言权和决策权。

再次,保障农民的受教育权利。农民的受教育权利是提高农民素质、促进乡村发展的重要手段。在乡村治理过程中,要加大对农村教育的投入,提高农村教育质量,保障农民子女接受良好教育的权利。

此外,保障农民的社会保障权利。农民的社会保障权利是农民生活的重要保障。在乡村治理过程中,要完善农村社会保障体系,提高农民的养老、医疗、失业等社会保障水平,使农民在乡村治理中有更多的安全感和归属感。

最后,保障农民的环境权利。农民的环境权利是保障农村生态环境、促进乡村绿色发展的重要前提。在乡村治理过程中,要加强农村生态环境保护,落实农民的环保参与权和监督权,让农民在乡村治理中有更多的生态获得感和环保责任感。

(三)根本目标

稳步提高农民的生活水平、提升农民的生活质量,是治理乡村中最为根本的目标。乡村治理的核心目标是稳步提升农民的生活水平,提高生活质量。随着我国城市的日益繁荣,农民也渴望提高收入,让自己的生活更加富足,包括吃得更好、穿得更美、住得更舒适、玩得更尽兴。因此,乡村治理需要大力发展经济,让农民看到希望,然后逐步完善乡村治理体系,提高农民的民主意识,发挥基层组织和社会组织的功能,共同推动乡村全面振兴,使农民不仅在物质上,而且在精神上都能得到满足。

首先,发展乡村经济是提高农民生活水平的基础。经济的繁荣是提高农民生活质量的前提,也是乡村治理的核心任务。要发展乡村经济,一是要加大对农业的投入,提高农业生产效率,保证粮食安全,满足人们对美好生活的需求。二是要发展乡村产业,推动农村经济结构调整,引导农民发展特色产业,增加农民收入。此外,还要加强农村基础设施建设,提高农村生产生活条件,吸引更多的人才和资本进入农村,推动农村经济持续发展。

其次,完善乡村治理体系是提高农民生活质量的关键。完善的乡村治理体系能够保障农民的合法权益,提高农民的参与感和获得感。要完善乡村治理体系,一是要推进农村基层民主政治建设,提高农民的民主意识和参与意识,让农民在村务决策中发挥主体作用。二是,要加强农村社会组织建设,发挥农村社会组织在维护农民权益、提供公共服务、促进乡村和谐稳定等方面的作用。此外,还要加强农村法治建设,提高农村法治水平,维护农村社会稳定。

再次,提高农民的文化素质是提升农民生活质量的重要途径。文化素质的提高能够增强农民的自我发展能力,丰富农民的精神生活。一是,要加强农民职业技能培训,提高农民就业能力,使农民在乡村治理中有更多的竞争力和发展机会。二是要加强农村文化建设,开展丰富多彩的文化活动,提高农民的文化素养,满足农民的精神文化需求。

最后,保障农民的民生福祉是提高农民生活质量的根本。民生福祉的保障能够让农民在教育、医疗、养老等方面享有公平公正的待遇,使农民在乡村治理中有更多的安全感和归属感。要保障农民的民生福祉,一是要完善农村社会保障体系,提高农民的养老、医疗、失业等社会保障水平。二是要加强农村医疗卫生工作,提高农村医疗卫生水平,保障农民的基本医疗卫生需求。此外,还要加强农村养老服务,满足农民的养老需求,使农民在乡村治理中能够安享晚年。

（四）现代化目标

在乡村全面实现"公共性"是治理乡村过程中的现代化目标。所谓"公共性",是一种意识,这种意识会深深地见诸农民的行为之上,在大家的一言一行中就可以轻而易举地瞥见。因此,要重视培养农民的"公共性",让乡村社会更加文明温馨。

乡村"公共性"的全面推行重点有二,一在于公共基础设施与机构的建设,二在于农民公共意识的形成。首先,我们要加快完善乡村公共基础设施的建设。这包括道路、桥梁、水利、电力、通信等基础设施,这些都是乡村发展的基石。只有基础设施完善了,才能为乡村的经济发展、社会进步提供坚实的基础。其次,我们要组建好社会公共服务中心。这些中心可以提供各种各样的公共服务,如教育、医疗、文化、体育等。这些服务,可以让农民感受到公共生活的魅力与精神,提高他们的生活质量,满足他们的精神需求。同时,这些中心也可以成为乡村社区活动的场所,促进农民之间的交流与互动,增强乡村社区的凝聚力。再次,我们要宣传美好的公共道德精神。这包括公平、公正、公开、公德等价值观念。我们要引导农民树立正确的价值观,让他们明白,公共利益是个人利益的基础,只有大家好,才能真正实现个人的发展。我们要让大家不再自私、自利,不再局限于小我之中,而是为了集体、为了大家的共同发展而努力。最后,我们要注重培养农民的公共意识。这需要我们从教育抓起,让孩子们从小就有机会接触到公共事务,参与到社区活动中,培养他们的社会责任感和公共意识。同时,我们也要通过各种方式,如举办讲座、培训班等,提高农民对公共事务的理解和认识,提高他们的参与意识和能力。

第三节　农村基层治理的要求与关键

乡村社会的治理是关系我国国计民生的重大课题,也是一个艰难却又十分伟大的工程,因此不能掉以轻心。只有乡村得到了有效的治理,乡村才能振兴;只有乡村振兴了,中华民族伟大复兴才指日可待,所以我们一定要全心全意搞建设,一心一意谋出路,让乡村的治理更加科学,更具成效。

一、农村基层治理的要求

(一)在治理中挖掘社会力量

在乡村治理之中我们要重视各种社会力量,充分地挖掘他们的潜能,发挥他们的优势,让他们在乡村政务处理中占有一席之地,能够提出建设性的意见,创新治理的形式,集众人的智慧和力量一同为乡村美好的明天而付出。

(二)加强乡村精神文明建设

乡村治理不仅仅需要经济的高速发展,更需要注重精神文明的建设。只有当大家的物质生活和精神生活都得到丰富,才能让乡村发展具有真正的价值和意义。乡村精神文明建设的主要内容包括社科文化和思想道德,这两方面的提升将给人们的行为提供强大的指引。在乡村中,我们应该致力于丰富人们的精神文化生活。可以建立乡村公共文化教育宣传中心,定期举办各类公共文化活动,将优秀的文化和美好的精神传递给乡亲们。通过这样的方式,大家能够近距离接触到精神文明的优良成果,受其感染,被其鼓舞,从而逐步改善自己的言行举止,丰富自己的文化知识。此外,我们还可以组建乡村的文化建设团队,保护乡村独特的文化情怀,发扬乡村的优良传统。通过这些努力,我们可以使乡村的民风民俗变得更加温馨、和美,让乡亲们的生活品质得到多层次的提高。这样,乡村的发展才能真正实现全面、均衡和可持续。

(三)着力改善乡村民生

乡村治理的核心要求是改善民生,让百姓生活的方方面面都有所改善是党和政府迫切想要实现的,也一直在努力践行着。

乡村治理的过程中不仅要重视为百姓创造条件拓展物质利益的获得渠道,也要立足长远从根本上改变他们的收入模式和结构,让大家能够拥有长久、稳定的收入,还要促进他们的全面发展,解决他们所关心的问题。如学前教育、学校选择、交通、就业、继续教育、医疗保险、看病、养老、住房、土地使用等问题都是困扰着普通老百姓的大问题,我们只有建立好完善的社会公共服务机制,给百姓所关心的问题以实实在在的制度和政策保障,才能让他们放心,才能更好地把问题落到实处。

村民觉得幸福了,就是对我们工作的最大肯定,有的村干部如是说。很多村民不求大富大贵,只要生活便利了,能够吃饱穿暖就很满足,但我们应该不满足于此,在为集体、为国家谋福利、促发展之路上永不停歇。

(四)加速城乡一体化进程

传统的城乡二元结构体制的弊端日益突出,使得城乡发展的差距日益扩大。这不仅阻碍了城乡资源的有效配置,也影响了生产要素的合理流动和生产力的均衡分布。城市优质的生活方式无法普及乡村,加剧了城乡矛盾,对双方的发展都造成了不小的限制。因此,我们急需改变这种状况,推进城乡一体化的进程,让乡村和城市共同繁荣。

在城乡一体化的推进过程中,最为基础和关键的问题是如何实现城乡基本权益的均等化,包括财产权和户籍制度的平等。此外,城乡之间公共服务的差距也十分明显,这直接影响着农村居民的生活质量和幸福感。尽管城乡一体化的工程复杂且充满挑战,但我们必须克服困难,坚定地推进,只有这样,我们才能实现乡村和城市资源的合理配置,让生产要素自由流动,推动我国的全面发展,让每一个中国人都过上更好的生活。

二、农村基层治理的关键

乡村治理的完美实现,必须得抓好关键,只有在要点上突破了,才能让乡村的发展在本质上得到大幅度的提升,否则只是浮在浅层次上难以长久,也难以全面深化。

历经改革开放的数十载,在党和政府以及人民的共同努力下,我国的综合实力得到了大幅度的提升,今日之中国已不是当日之中国,在亚洲乃至全球都有着不可小觑的巨大影响力,是维护世界和平、推动全球经济发展的卓越贡献者。但我们必须正视城乡发展上的差异,这些差异造成的各种社会问题的完美解决,是乡村有效治理的关键。

(一)增强主体治理能力

乡村社会治理的成效也直接关系着我国整体社会治理之路能否顺畅前行,因此必须不断地增强乡村社会治理主体的能力,只有能力增强了才有希望打破乡村社会混乱的局面,为我国整体社会的发展提供良好的基础保障。为提高治理能力,从各个主体出发我们可以做如下努力:

其一,强化基层党组织的领导力,将党的各项先进的理念灌输给乡间百姓,逐渐引领、带动大家行为上的转变,也要不断完善治理模式为百姓提供全方位的指导;其二,优化基层政府对乡村的管控能力,合理分配资源,管好乡村事务,为百姓提供更加优质的服务;其三,挖掘乡村本土组织的潜能,让其发挥合力优势,为乡村的发展提供动力支撑;其四,激发广大乡间百姓的治理热情,把大家拉进社会治理的中心地带。

(二)构建治理基本制度

大家一人一个想法,加起来就有无数个想法,每个人都站在自己的立场上看问题,短时间内难以判断到底谁对谁错,谁好谁坏。所以为了事情能够良好顺畅地运行,必须遵循一定的运作规则,这个规则也可以称为基本制度。为了实现完美的乡村治理,我们必须制定一定的基本制度,用强有力的方式和手段来保障乡村人的合法权益。

我国现有的乡村社会治理的基本制度为村民自治制度,这个制度将村民们带入乡村事务处理的中心地带,引领大家积极走上民主自由之路,这条路的发展前景非常好,我们要大力推进,不断完善。

(三)丰富治理手段

传统的乡村管理制已经满足不了新时代的需求,其固化的治理模式,各种生搬硬套的方法,已难以解决复杂多样的乡村问题,只会让乡村的矛盾不断激化,因此我们要创新乡村社会治理的手段,让乡村治理手段更加丰富多彩,也更具实效性。

推行村民自治可以为乡村社会治理增加活力,推行法治可以为乡村社会治理提供强有力的保障,推行德治可以为乡村社会治理发扬正气。我们要始终跟着党走,在党的组织领导下不断健全自治、法治、德治三者完美结合,促进乡村治理体系的构建,形成一个多元化的社会治理格局,坚定不移地走在具有中国特色的治理道路之上,让百姓的生活更加美好,更加丰富多彩。

第四节　农村基层治理的理念与保障

乡村自治力量不断壮大,如何有效处理政府和社会、政府和市场之间的关系,如何发挥各个主体的潜能和优势,如何寻求各个主体之间协作的共赢点,让乡村实现有效的治理,是我们党和政府在极力探索的问题。而乡村治理理念的构建,就是解决这些问题的关键,把各个主体有机地串联起来,共同致力于乡村治理。

一、农村基层治理的理念

乡村治理的理念包罗万象,丰富多彩,既不是一成不变的规则,也没有固化的模式,理念的形成总是在路上,是个不断优化的过程,可以在实践中不断丰富、不断改良。

（一）系统化治理

乡村治理需要站在全局的视角,进行全面深入的思考和处理。这不仅关系乡村自身的发展,更是关乎国计民生的大事。因此,党和政府需要对乡村进行系统化的治理,与乡村建立良好的关系,共同推动国家的全面发展。乡村治理不能只关注某个方面的问题,而应该构建政治、经济、文化、社会、生态一体化的发展模式,同步处理各种问题,实现协同发展,确保各个领域都能得到平衡发展。

在乡村治理中,需要充分发挥各个治理主体的作用,让每个主体都能参与到乡村治理的核心,共同构建一个强有力的乡村治理系统。这样,每个主体都能发挥出自己的能量,一起推动乡村治理系统的快速发展。

（二）依法治理

我国法律的火种,自古就种下了。法治是现代文明的重要标志,也是乡村治理前行的有效保障。法律可以用强有力的手段保护好乡间百姓的正当权益,让百姓能够安心生活,自由地活动,远离非法势力和违法行为的侵害。只有依法治理才能更好地保障人民的稳定生活,只有依法治理才能让我国早日成为法治大国。

（三）综合治理

乡村的发展不能"头痛医头,脚痛医脚",而是要综合判断、综合治理,将乡村中的每个环节都统筹好,将各个机体有机地联合起来,为乡村的发展创造出更大的效益。

其一,组建综合治理队伍。传统的机构都是各管各的,没有综合的思维,而新的时代,我们需要拥有宏观思维的治理人才,促进乡村的多层次的发展。其二,打造综合治理平台。在乡村治理中以互联网为依托打造一个综合信息管理平台是非常有必要的,可以更好地实现信息的共享,畅通乡村接收最前沿知识和技术的渠道,为百姓提供更加优质的服务。其三,制定综合治理目标。没有目标就没有方向,只有制定好综合治理的目标,大家才会知道力怎么出,劲往哪里使,提升治理的时效性。

（四）协同治理

协同治理的优势越来越明显,逐渐在全球公共管理众多治理理念中脱颖而出,治理乡村也同样适用,是一种非常高效的治理手段。

乡村治理过程中不能只有党组织,那样无法保证效率;不能只有政府,那样很容易滋生腐败;不能只有民众,那样很容易迷失;不能只有本土社会组织,那样会成为少数集体的舞台。想要有效治理乡村就要发挥好各个主体的优势,相互促进,共同带动乡村的良性、健康发展。

二、农村基层治理的保障

党和国家时刻心系着乡村社会的治理情况,只有保障好乡村治理的效用,乡村才能发展,乡村发展了,我国才能逐步实现乡村全面振兴。

（一）以法治为武器

法治为乡村治理提供强有力的保护手段,保障各项机构平稳顺畅地运行,保障农村百姓的各项正当权益远离不法分子的侵害。

在乡村治理之中要加强乡村的法治建设,点燃各个自治主体内心深处的法律火种,使所有人都能够自觉、平等、有序地参与到乡村政务中来,在乡村中的一言一行都能够符合法律法规,让法的光辉逐渐洒满乡村大地。

（二）以网络为依托

信息化时代正在快速推进,面对这个不可逆转的趋势,我们必须积极适应。特别是在乡村治理方面,我们需要充分利用信息化的网络,以跟上时代的步伐。

构建健全的信息化网络平台,能够使乡村公共服务的内容和方式更加丰富。这不仅能方便百姓的生活,提供高效、便利、优质的服务,而且能有效地整合各种资源,使得政府的决策更加科学、合理。在乡村发展的整体布局中,信息化网络能够发挥出更大的作用,帮助政府做出更加精准的决策,推动乡村的发展。

（三）以政策为根基

党和国家为乡村的治理制定了许多政策,中央和地方财政对乡村的支持力度也相当大,为乡村的发展注入了许多力量,用各项惠民政策来保障乡村社会的稳健前行。在乡村治理过程中基层党组织和村委会要积极响应国家政策,认真贯彻执行,让百姓切切实实地获得国家政策的优待,感受到国家和民族的伟大。

(四)以人才为动力

人才资源,是乡村社会发展的首要资源,只有专业化的人才才能让乡村的发展走上更高的台阶,推动乡村社会全方位的进步。因此在乡村社会治理之中我们要招揽人才,更要培育人才,让思想先进、知识全面、能力卓越、综合素质高、技术水平高的人才带领广大乡村百姓,过上富裕幸福的生活。

第三章　乡村振兴战略背景下农村基层组织建设

第一节　加强农村基层党组织建设

一、加强农村基层党组织的领导和保障

乡村振兴离不开基层党组织所发挥的重要作用,基层党组织推动乡村振兴起到了不可替代的积极作用,是乡村振兴战略目标实施的关键,要想全面实现乡村振兴,加强农村基层党组织的领导和保障是十分有必要的,应当充分发挥基层党组织在农村的领导作用,还需要不断完善村级党建引领下的乡村振兴机制,充分发挥农村基层党组织在乡村振兴中的战斗堡垒作用。

(一)加强党对农村工作的全面领导

在乡村振兴中,首要任务就是要全面强化各级党委,尤其是县级党委在农村基层组织中所要履行的责任,主抓基层任务,不能仅依靠基层自身,还需要各级党委充分认识到自身肩负的责任,全面落实各项乡村振兴战略的措施,充分发挥自身的领导职能,各项有力政策全面向基层倾斜,各项财政资金全面落实到乡村振兴各项实施当中,充分形成鲜明的领导导向,从而有助于促进农村党组织全面进步,进而确保党组织在农村工作当中的领导作用,在协调各方以及推进乡村振兴战略过程中做好坚实的后盾。乡村振兴战略的实施,要求在乡村振兴发展中,不断提升新时代农村基层党组织建设质量,充分展现农村基层党组织的领导优势与作用,积聚全党上下以及各方组织力量,充分展现党组织在农村工作中的主体作用。农村党组织是党的重要核心,是农村基层与党中央的重要桥梁与纽带,是开展农村工作以及乡村振兴战略的基础,是贯彻落实我党方针的关键,也是向领导组织传达群众声音的重要桥梁,在全面统筹协调方面起到了不可或缺的重要作用,农村党组织常年活跃在农民群众生活中,

与农民群众始终保持着密切联系,因而农村党组织在农村基层中,有着不可替代的核心作用,所以应当充分保障农村党组织质量,这需要建立健全的村级组织经费保障制度,最大程度上保障农村党组织干部,尤其是农村组织干部的基本报酬,即使是正常的离任干部,也要保障他们的生活补贴,所有的发放标准都要符合相关规定,发放人数都要经过正常流程的审批与核实。全面落实村级组织各项办公经费的支出,各种用于村级组织活动的场所,都应当全面支持与落实,对于村级组织活动的场所进行整合规范,调动各类资源,全面实施"一室多用",并充分发挥这个多功能场所的综合作用。

进一步推进农村现代化建设与乡村振兴,必须不断加强党对农村工作的全面领导,在这个过程中,全党势必要正确认识到当前农村"三农"工作的重要性,要充分意识到"三农"工作的紧迫性,现阶段做好"三农"工作是首要任务,所谓的"三农",实际上是指农民、农村与农业,通过各种政策与手段全面解决好"三农"问题,对于农业经济与农民创收将有着重要意义,是实现农业经济快速增长的重要举措,全党与全社会都要立足于乡村振兴的战略当中,旨在帮助农民实现生活富裕。做好"三农"工作,解决"三农"问题,各级党委与政府势必要全面坚持"四个优先",将"四个优先"要求视为重要抓手,把"四个优先"扛在肩上,并与考核政绩相连接,层层落实到个人。在这个过程中,"三农"干部配备尤为重要,它关乎着"三农"工作的推进,在开展"三农"工作时,着重于选拔一些熟悉"三农"工作的干部,不断充实"三农"工作的领导班子,将这些精锐力量放到基层,充分发挥领导班子的作用,并且全面提高"三农"领导班子的领导水平与工作能力,认真落实与解决"三农"问题,力求不动摇党组织领导班子的领导地位。在农村,党的领导要贯穿于基层各项工作以及乡村振兴战略全过程当中,优先发展农业现代化技术,农业现代化技术对于促进农业经济增长起到了不可或缺的重要作用,对于实现农民创收有着重要意义,因此,实现乡村振兴,势必要优先发展农业现代化技术,可以邀请一些农业技术专家进行莅临指导,指导农业种植业与牲畜业,还要将农业发展各项政策落实到位,保障资金的投入与干部的合理配备。建立健全的领导责任制,把各项工作落实到每个干部身上,全面推进农业生产与城乡建设,以及各项统筹工作。

(二)多措并举巩固农村基层组织领导核心地位

实施乡村振兴战略要统筹推进农村经济建设、政治建设、文化建设、社会建设、生态文明建设和党的建设,不断增强农村基层党建对促进乡村振兴各项建设的全方位引领,为全面实现农业强、农村美、农民富提供坚强的政治和组织保证。农村基层党组织在行政村基本全覆盖,为农村基层党组织引领乡村振兴提供了坚实的组织保障。为了更好地推进乡村振兴战略,适应乡村振兴战略对农村基层党组织提出的新要求,中共中央高度重视加强农村基层党组织建设,通过一系列优惠政策、健全完善制度、增大人力物力财力投入等方面加强农村基层党组织建设。

1. 把加强农村基层党组织的政治建设摆在农村基层党建首位

农村党的基层组织是政治组织,必须始终以政治建设为统领抓好农村基层党组织建设。"党的政治建设是党的根本性建设,决定党的建设方向和效果。"不断提升农村基层党组织在乡村振兴中的政治引领水平,为确保如期实现农业农村现代化提供政治保证。

乡村振兴中要充分发挥农村基层党组织建设的政治引领作用,就必须不断加强农村基层党组织的政治建设,突出政治功能,为确保如期顺利实现农业农村现代化提供政治保证。在加强政治建设中切实强化农村基层党组织政治引领功能,始终把政治建设摆在农村基层党建的首位。一要在领导农村一切工作中坚定执行党的政治路线,把维护党中央权威和集中统一领导作为最高政治原则和根本政治规矩来执行。农村党员干部自觉在思想上政治上行动上同党中央保持高度一致,在实施乡村振兴战略中始终率先作为党中央关于推进乡村振兴战略的政治方针与政策的宣传者和实践者,带领广大农民群众朝着正确政治方向顺利推进乡村振兴战略。二要以党的政治建设为统领,全面加强农村基层党组织建设。农村党员干部要不断提高政治站位、坚定政治信仰、锤炼政治能力、强化政治担当、增强政治素质。农村基层党员干部要在乡村振兴实践和政治理论学习中不断增强政治素质,在长期加强政治理论及党内法规学习和政治历练中严守党的政治纪律和政治规矩,在为民服务中提高政治站位、坚定政治信仰、提升政治能力、强化政治担当。农村基层党组织要以制度为保障提高党内政治生活质量,在严肃党内政治生活中锤炼农村基层党员干部政治修养。农村基层党组织要严格执行《关于新形势下党内政治生活的若干准则》,在提高党内政治生活质量中增强农村党员干部政治领导力。加强农村基层党内政治文化建设,以积极健康的党内政治文化涵养农村基层良好政治生态。以政治建设统领乡村经济、社会、文化建设平衡发展,为突出农村基层党组织政治功能增强物质保障、优化社会环境、夯实文化基础。切实发挥农民在乡村振兴中的主体作用。在领导农民、组织农民、服务农民中不断强化农村基层党建的政治引领。三要在营造农村良好政治生态中强化农村基层党组织的政治引领。农村基层党组织在领导乡村振兴过程中要充分发挥广大农民群众的主体作用，获得广大农民群众的支持和拥护，就必须坚持不懈深入推进全面从严治党向基层延伸，为顺利实施乡村振兴战略营造良好的乡村政治生态。"加强党的政治建设，要紧扣民心这个最大的政治，把赢得民心民意、汇集民智民力作为重要着力点。"建立健全农村权力运行监督制度，健全法规制度，强化党内监督，持续整治侵害农民利益的不良作风和群众身边的腐败问题。严格依规依法惩治农村基层党员干部在惠农补贴、土地征用、集体资产管理、脱贫扶贫资金等重点领域侵害农民权益的不作为乱作为、贪污腐化行为，以惩治腐败的实际成效取信于民。严格执行党内法规制度和国家法律，惩治农村党员干部违纪违规乃至违法行为，为强化农村基层党组织在乡村振兴中的政治引领营造风清气正的政治生态环境。

2. 持续整顿软弱涣散的村党组织

在我国大部分农村当中，依然存在着一些不同形式的社会组织，无论是哪种组织，村党组织都是我党的中坚力量，是无法取代的核心领导，充分发挥着重要作用。这种领导组织有利于调动各方力量，协调各种乡村组织关系，统领乡村贯彻党的路线与方针，处理来自各方面的利益关系，保障农村各项工作的有序推进，从而保障农村经济的快速发展，这就需要农村党组织充分调动党员与群众组织，力求壮大村集体组织，逐步增强村集体经济实力，不断完善基层组织，使党组织力量不断增大与延伸。不断调整与优化村组织领导班子，选拔一些群众较为认可以及有实干精神的优秀人才，充实到村干部当中，对于工作能力与领导能力薄弱的村干部，通过培训或者是进修的方式，不断加强其工作能力与领导水平，这有助于强化村党组织在群众中的号召力，也有助于强化组织的凝聚力，对于乡村振兴战略的顺利实施，将有着重要作用。在这个过程中，要充分挖掘村党组织建设的短板，对于村党组织建设存在的不足，要制定有效的整改措施，通过深入乡村调研与摸底，一一列举整改对象，通过不断调整与改进，不断强化与巩固村组织领导班子。对于较为涣散的村干部或者是不尽责的村干部，进行批评教育，严重者采取强硬措施进行撤换，要明确每个村干部的职权范围与责任，认真落实村干部整顿措施，全面落实村干部应当履行的责任与职能,把村干部整顿作为重要抓手,以村组织整顿为中心,将村组织整顿作为村党支部建设的重要任务来做,这对于乡村振兴后续开展工作,将有着重要意义,推动富村带穷村,大力改善农村落后现象,实现农村面貌大变样,在农村建设当中,村干部是直接面对群众的第一组织与力量,充分起到了领导作用,所以要充分履行自身的职责,当好领导先锋,化解来自各方的矛盾,大力发展农业经济,带领群众实现乡村全面振兴。加强村干部的职责履行能力,强化村党支部的工作水平与决策能力,使村党支部成为敢于做实事、敢于做大事的重要战斗堡垒。第一书记尤为重要,第一书记不仅关乎着我党的组织功能,还关乎着基层党组织的政治功能,要使其不断得到锻炼,成为强有力的先锋力量。党员教育管理也是村党组织整顿的重要环节,通过建立健全的党员管理机制,加强农村党组织的核心领导作用,不断提高党组织在群众中的地位与号召力,确保党的工作深入人心。

农村基层党组织要创新党建活动方式。在 QQ 群、微信群等新媒体平台建立网上支部,充分利用网络的便利性和高效性加大互联网虚拟空间的党建工作力度,提升农村基层党组织网上网下的工作效率及服务党员和群众的能力。大力推广"党建+经济""党建+文化""党建+民生""党建+生态""党建+产业"等"党建+"模式,将农村基层党建的活动方式和全面服务深度融入农村经济社会文化发展各领域,充分发挥农村基层党建在乡村振兴中的全方位组织引领作用。要在优化农村基层党组织设置中强化农村基层党建的组织引领。科学合理设置农村基层党组织,是加强党的农村基层组织建设、发挥党组织和党员作用的基础。"坚持农村基层党组织领导地位不动摇,乡镇党委和村党组织全面领导乡镇、村的各类组织和各项工作"。构建科学有效的农村基层党组织体系是加强农村基层党建的组织保证。以行政村为基本单元设置党组织,不断优化农村基层党组织设置,根据农村发展需要不断扩大农村基层党组织的组织覆盖和工作覆盖。适应农村改革发展新变化及时跟进建立党组织,将党的组织体系全面融入农村各类社会组织,实现农村各领域基层党组织全覆盖,以全方位服务各类群体。

全面引领乡村振兴,要打造千千万万个坚强的农村基层党组织。增强农村基层党组织在乡村振兴中的组织引领作用,组织亿万农民群众凝心聚力共促乡村振兴,实现农村基层党建工作与乡村振兴同频共振、互融共促。

3. 健全并严格执行农村基层党组织制度

农村基层党组织的有效运行、规范管理,必须不断健全并严格执行农村基层党组织制度,以完善而科学的制度保障农村基层党组织有章可循。在党员管理上,通过制定相关制度对优秀党员进行表彰表扬,对不合格党员视其情节的轻重,依照有关规定,分别给予限期改正、党内除名等组织处置。上级党组织认真执行对乡村干部定期进行民主考评的制度,发现问题及时查处。党的农村基层组织应当坚持和完善民主评议党员制度。与此同时,还应建立健全监督体系,在继续发挥纪检、监察、审计部门作用的同时,积极开拓群众监督的渠道,实施有效监督。2019 年 1 月,中共中央印发了《中国共产党农村基层组织工作条例》(以下简称《条例》),《条例》指出:"村党组织书记应当通过法定程序担任村民委员会主任和村级集体经济组织、合作经济组织负责人,村'两委'班子成员应当交叉任职。村务监督委员会主任一般由党员担任,可以由非村民委员会成员的村党组织班子成员兼任。村民委员会成员、村民代表中党员应当占一定比例。村级重大事项决策实行'四议两公开',即村党组织提议、村'两委'会议商议、党员大会审议、村民会议或者村民代表会议决议,决议公开、实施结果公开"。在议事决策上,明确规定村级重大事项决策实行"四议两公开",加强村务监督。健全以财政投入为主的稳定的村级组织运转经费保障制度,落实村干部基本报酬和村级组织办公经费,建立正常增长机制,保障村级公共服务运行维护等其他必要支出。在保障支持上,明确规定乡镇党委委员按照乡镇领导职务配备,投放农村的公共服务资源以乡镇、村党组织为主渠道落实。通过这些制度设计和具体措施,确保农村基层党组织的领导是具体的而不是抽象的,是实在的而不是空泛的。规范运用"三会一课""谈心谈话""组织生活会""民主评议党员"等基本制度,把乡村振兴的基本内容和具体要求贯穿到党内政治生活中。严肃党的组织生活,把党的组织生活作为查找和解决问题的重要途径,作为锻炼党性、提高思想觉悟的"熔炉",严格执行党的组织生活基本制度,严肃认真开展批评和自我批评,不断增强党内政治生活的政治性、时代性、原则性、战斗性,坚决防止表面化、形式化、娱乐化、庸俗化倾向。

要增强农村基层党员干部的制度意识,要加大宣传教育力度。在内容上,要将强化党规党纪的认同意识、依法用权的责任意识和党内组织生活的原则性意识作为宣传教育的重点。要充分发挥农村党员干部的表率作用。乡村党组织的领导干部要以身作则、率先垂范,带头学习制度、维护制度、遵守制度。通过强化制度意识,在乡村社会营造以执行制度为荣、以违反制度为耻,以维护制度为荣、以破坏制度为耻的良好氛围和制度环境。农村基层党组织要建立以党章为根本、以民主集中制为核心的完整的制度体系。随着社会实践的发展和需要，积极推进农村基层党组织体系化制度创新，既要及时修订明显落后于社会发展和党内实际的制度规定，又要迅速填补党内出现新情况与新问题导致的制度真空。要增强制度意识、坚定制度自信、维护制度权威，推动农村基层党组织的外部纪检监察工作和自身运行的规范化、法治化，完善自身权力运行机制和管理监督制约体系，通过制度和法律内外合力的约束和监督共同促进农村基层党组织建设朝着制度化、规范化运行发展。

二、加强农村基层党组织领导班子和干部队伍建设

（一）选优配强乡镇、村党组织领导班子

村党组织领导班子是党组织不可或缺的重要组成部分，是农村各项工作实施的关键，也是促进农业经济发展的基础，更是乡村振兴战略实施的前提条件，因此建设村党组织领导班子是十分有必要的，对于乡村改革发展具有重要意义。党组织领导班子应当具备服务农民、道德品质优良、廉洁自律、组织协调等能力与意识，并拥有着坚定的信念，还要具备一定的领导力与决策力，能够灵活处理各种农村复杂问题，任何时候敢于担当、敢于干实事、敢于干大事，还能够协调来自农村各方的组织，充分认识到自身所肩负的责任，一切以群众的利益为出发点，充分熟悉"三农"工作。为了加强干部队伍建设，着重于选拔一些优秀的大学生村官以及敢于干实事的乡镇事业编人员，充实到村党组织领导班子当中，不断壮大农村干部队伍。

1. 壮大农村基层领导班子力量

全面贯彻落实农村基层领导班子选拔工作，扩大选拔范围，多吸收一些熟悉"三农"工作的基层人员以及高素质人才，通过培训或者是进修的方式，吸纳一些熟悉现代农业或者是农村经济的专业人才，这有助于强化基层领导班子整体功能，还有助于凝聚基层领导班子组织力量。农村基层组织领导班子是连接我党与群众的重要纽带，在面对群众时，需要认真贯彻落实我党的方针与路线，充分让群众了解我党的政策与思想，切实以群众利益为出发点，倾听群众的声音，便于改进自身工作中的不足之处。深入到群众生活当中，通过走访调查，了解群众的真实想法，切实解决群众遇到的问题与困难，最大程度上维

护群众的合法权益。选拔一些熟悉"三农"工作的干部,尤其是一些以农村切身利益为出发点的基层干部,充实到各级领导班子当中,成为"三农"工作的"一线总指挥",全面推进乡村振兴战略的顺利实施。

不断健全重点乡村驻派书记的工作制度,全面推进与落实各级乡村驻派书记的工作,通过各种方式在基层培养干部,尤其是年轻干部要格外重视。驻派书记应当扎根乡村,全面发挥引领作用,带领群众以及骨干干部全面推动乡村建设,全面落实农村各项工作,还要着重于加强农村基层党组织建设,促进基层干部综合素质的提升。在选拔干部当中,优先选拔一些年轻的党员或者是创业能手进"两委"班子,谋划确定各具农村区域特色的发展思路,充分发挥党员先锋模范作用,为促进乡村振兴各项工作奠定坚实基础。促进乡村振兴势必要壮大党组织队伍,这离不开村党支部书记发挥的作用,村党支部书记对于促进乡村振兴有着十分重要的作用,这要求实行村党支部书记县级党委备案机制,这对于县级干部资源整合具有重要意义。纵观农村,大部分农村存在着大量的人口流失现象,给村党支部书记人员选拔带来了巨大挑战,村党支部书记不仅要大力发展农业经济,还要着重于解决农村就业问题,更要充分了解"三农"工作,并有着坚定的信念,因此选拔重点可以放在返乡创业人员或者是乡村种养能手等,完全贴近农村生活的村党支部书记人选,打破以往的定向选拔模式,破除身份选拔等一系列方式。在选拔村党支部书记过程中,强调甘于奉献精神,还要具备敢闯敢拼精神,可以从一批致力于家乡建设的创业党员或者是本村致富党员当中进行优先选拔,作为村级干部的储备力量,从而促进乡村振兴。还可以通过县乡统筹招聘与学校定向培养等方式引进人才,作为村干部的储备力量,力求建设一支信念坚定与敢闯敢拼的乡村振兴干部队伍,并将其安排到一线岗位,作为他们锻炼的舞台,通过本土培养人才、选派和引进人才等方式,不断增强农村基层党组织领导班子力量。

2. 增强农村基层领导班子综合能力

实施乡村振兴战略,最关键的就是必须坚持党的农村基层组织领导地位不动摇。只有不断增强农村基层领导班子综合能力,才能真正为乡村振兴提供坚强的组织保障。

不断增强农村基层领导班子综合能力,充分发挥农村党员干部"领头雁"作用。乡镇党的委员会和村党组织是党在农村的基层组织,是党在农村全部工作和战斗力的基础。"乡镇党的委员会(以下简称乡镇党委)和村党组织

（村指行政村）是党在农村的基层组织，是党在农村全部工作和战斗力的基础，全面领导乡镇、村的各类组织和各项工作。必须坚持党的农村基层组织领导地位不动摇"。在农村要巩固党与群众的根基，就必须不断加强农村基层党组织建设，在实践和学习中不断增强农村基层领导班子综合能力。乡镇党委领导班子综合素质过硬，才能带领好农民群众共同投入到乡村振兴实践中。"村党组织领导班子应当由思想政治素质好、道德品行好、带富能力强、协调能力强，公道正派、廉洁自律，热心为群众服务的党员组成。村党组织书记还应当具备一定的政策水平，坚持依法办事，善于做群众工作，甘于奉献、敢闯敢拼。村党组织书记应当注重从本村致富能手、外出务工经商返乡人员、本乡本土大学毕业生、退役军人中的党员培养选拔"。村党组织领导班子是落实中共中央和省委各级政策的组织者、领导者和执行者，只有村党组织领导班子过硬，才能更好地调动农民群众参与乡村振兴的积极性，汇聚全国各方力量共同推进乡村振兴。按照更高要求建强农村基层党组织的领导班子，为全面引领农民群众提供强大的组织保障。要提升农村党员干部的经济发展能力。加快发展乡村产业，顺应产业发展规律，立足当地特色资源，推动乡村产业发展壮大，优化产业布局，完善利益联结机制。"党的农村基层组织领导班子应当坚定执行党的政治路线。始终在政治立场、政治方向、政治原则、政治道路上同以习近平同志为核心的党中央保持高度一致，组织推进农村深化改革，促进各项事业发展，维护社会和谐稳定，不断增强群众获得感、幸福感、安全感"。通过长期教育培训学习、社会实践锻炼等多种方式不断增强农村基层组织领导班子统筹推进农村经济建设、政治建设、文化建设、社会建设、生态文明建设和党的建设的综合能力，为实施乡村振兴战略提供坚强的组织保障。

（二）加强农村党员干部队伍建设

中国共产党历来高度重视选贤任能，始终把选人用人作为关系党和人民事业的关键性、根本性问题来抓。党员干部队伍建设是党的组织建设的一项重要内容。党员干部队伍在基层党组织中是重要组成部分，全心全意为人民服务的宗旨归根到底要依靠党员干部的实践。顺利实施乡村振兴战略，要加强农村基层党组织建设，就必须打造一支支综合素质过硬、结构合理、质量优良的农村基层干部队伍。

1.选优配强农村基层干部队伍

加强农村基层党组织建设，关键在于内培外引选优配强农村基层干部队伍,为实施乡村振兴战略提供重要组织保障。加强农村基层党组织建设,就必须健全完善农村基层干部队伍的培养、配备、管理、使用等系统化制度,不断壮大农村基层干部队伍。

农村富不富,关键靠支部;支部强不强,关键靠领头羊。大力推进服务型党支部建设,选优配强农村党支部书记,才能增强村两委凝聚力和战斗力。通过从各级党政机关和事业单位优秀干部中"派",从农村致富能手、返乡能人、退伍军人、回乡青年、村组干部等本地能人中"聘",从外出务工经商党员中"引",从年轻有为大学生村官中"选",从异地优秀村干部中"调"等内培外引相结合选好农村基层党组织带头人。对选拔难度比较大的贫困村、软弱涣散村和集体经济薄弱的村党组织从外部如高等院校、事业单位选派优秀党务干部驻村担任"第一书记"助力乡村振兴。发挥农村基层党建组织引领作用,把组织优势转化为凝聚人力物力的发展动能。通过优惠政策凝聚民心民力、乡情召唤回乡企业家投资建项目、政府增加人力物力财力投入、积极发展形式多样的村集体经济等有效举措,着力从饮水设施改造、道路修建、旅游开发、村容环境整治、产业发展等方面推进城乡融合发展,提升农民幸福感。以发展特色产业为重要抓手,在大力振兴产业经济中留住本地青壮年农民和党员能人回乡服务乡村,吸引一大批有志于推进乡村振兴的企业家、技术专家和管理者等社会各界人士扎根乡村,为乡村振兴提供智力支持、科技服务、人才支撑和资金投入。

激发农村基层干部新担当新作为。在选拔干部过程中,要强调干部的优良作风、廉洁自律、服务农村、良好的政治思想与道德品质等方面,这些作为干部建设与选拔的风向标,也是党风建设的标准,力求于才德兼备的选用方针,坚持以德为先,在干部选拔方面,虽然才干尤为重要,但品德更为重要,品德应当放在首位,是干部选拔不可或缺的重要条件之一,通过基层实践、一线岗位历练等方式,强化干部担负的重任,严格按照制度履行自身职责与开展各项工作,在职权的范围之内行使权力。以促进乡村振兴为主要契机,严把选拔干部的政治背景与作风,防止政治背景与作风有问题的人蒙混过关,不能让思想道德败坏与作风有问题的人有机可乘。农村基层领导班子干部的配备,应当着重于围绕着促进乡村振兴进行任用,优先任用一批以农村切身利益为中心的以及想干实事的干部,着重于培养一批年轻优秀的干部,在培养过程中,切勿拔苗助长式的培养,更勿降格以求的选拔与任用,要立足于质量,优秀的干部不仅仅是选拔出来的,更是培养出来的。建立健全的乡村人才培养机制,不断完善人才培养体系,通过短期培训或者是职业教育等方式,进行乡村人才培养,也可组织开展专家主题讲座,进行定向培养,促进基层领导班子综合素质的提升,立足于培养高素质的基层领导班子队伍。采取各种政策倡导本土人才返乡,扎根农村建设家乡,通过这种方式拉动更多的返乡人才建设家乡,政府应当充分发挥政府职能,通过各种政策与资金投入,鼓励更多的返乡人才进行创业,吸引更多的外出经商人员加入本土建设当中。促进乡村振兴不仅需要基层组织领导班子所发挥的作用,更离不开一大批优秀的返乡人才参与到乡村建设当中,本土人才对于促进乡村振兴将有着重要意义,起着不可或缺的重要推动作用,为了进一步推动乡村振兴,巩固脱贫成果,应当建立各项鼓励机制以及人才挖掘机制,构建完善的培育体系,着力打造一支素质过硬的村级党组织带头人队伍,成为乡村振兴不可或缺的中坚力量。

2. 提高农村基层干部综合素养

在推进乡村全面振兴中不断提高农村基层干部综合素养。"到 2050 年,乡村全面振兴,农业强、农村美、农民富全面实现"。"坚持乡村全面振兴。准确把握乡村振兴的科学内涵,挖掘乡村多种功能和价值,统筹谋划农村经济建设、政治建设、文化建设、社会建设、生态文明建设和党的建设,注重协同性、关联性,整体部署,协调推进"。实现乡村全面振兴,要经历较长时间使农村各项事业发展,农村基层党组织在促进农村全面发展中发挥领导核心作用,而农村基层干部是发挥农村基层党组织战斗堡垒作用的重要执行者、领导者和组织者。为了更好地适应乡村振兴战略新要求,引领乡村全面发展,就需要在学习和实践中不断提高农村基层干部综合素养。

各级组织机构应加强对农村干部的教育和培训,使其在教育和学习中全面提高自身素质。要想提高领导干部的政治能力,就必须培养创新意识、提高创新能力,同时,还要提高学懂弄通做实的能力,提升合理运用马克思主义思想的能力,从而夯实思想基础。要不断深化理论学习,不断强化理论武装,不断提高党性,不断提高理论修养。作为新时期的农村基层干部,我们必须坚持把习近平新时代中国特色社会主义思想学好、用好。要把"懂农业""爱农村""爱农民"作为"三农"工作的根本标准,要加强农村基层组织的理论学习,加强对农村基层组织的调研,提高工作水平。要提高领导干部的综合素质、管理水平以及实践能力。我们要在思想建设和制度建设两个方面同时努力,把党内教育变成常态化、制度化,让习近平新时代中国特色社会主义思想入脑入心,让广大农村党员干部深刻理解马克思主义的基本理念、观念等,并且掌握熟练运用马克思主义的能力。基层干部,要努力学习并践行习近平新时代中国特色社会主义思想,掌握党的基本路线,掌握党的基本理论,掌握党的基本方略,掌握必要的专业技术。懂得农业,懂得"三农"的政策,对农村的形势了如指掌,有能力、有措施、有方法解决实际问题。我们要在农村和城市两个层面上,积极推进对党员的教育和培训。要制订城乡基层党员教育培训计划,要在学习内容上体现共性,同时要根据对象的不同而有侧重。对于农村党员,他们的工作重点是以乡村振兴和农业的产业化发展为中心,应强化对农村经济发展的能力和种植养殖技术方面的培训教育。要在习近平新时代中国特色社会主义思想的指导下,切实增强党员干部的政治意识,树立正确的政治意识,克服主观主义和功利主义,纠正错误的思想观念,坚决反对封建主义、官僚主义。做到不忘初心、牢记使命,并将其作为一项长期的课题,引导全体党员干部终身学习,逐渐将学习教育向着制度化、常态化的方向发展,坚持用习近平新时代中国特色社会主义思想来武装党员队伍、教育广大群众,不断坚定同心共筑中国梦的理想信念。

在实践锻炼中提高农村干部的综合素质;政治素质的提高,需要在实践中不断磨砺。青年干部要以工作实践为主要途径,通过亲身经历,不断强化自己的政治锻炼,不断提升自己的政治领导水平,永远当一个"明白人"、一个"老实人"。要始终保持知行合一、真抓实干的态度,要在攻坚克难的过程中,不断地充实自己的人生阅历,接受锻炼和考验,要在多方面的磨砺中,不断地积累工作经验以及政治智慧。在实践过程中,时刻遵守党的政治纪律,培养忠诚、正直、担当的优秀品质。要自觉树立和坚定共产主义远大理想和中国特色社会主义共同理想,坚持正确的政治方向,准确地抓住时代的主题,把党和国家的重大战略部署落实到推动乡村全面振兴的工作思路、工作举措和工作行动上,在社会实践中不断锤炼自我。努力提升自己的道德和修为,提升自己的内在素质,练就一身过硬的本事,用自己的真才实学为人民服务,用自己的创新创造为社会做出贡献。将守初心、担使命的思想逐渐转变为锐意进取、真抓实干的行动自觉,提高干部的综合素质、领导能力以及实践本领,与时代的发展同步。全面贯彻新时代党的组织路线,把强化农村基层干部队伍建设作为重点,通过正确用人的理念,激起干部创业的积极性,为想干事、肯干事、能干事的基层干部提供更大的发挥空间。各级领导干部,尤其是年轻干部,要不断提高自己的能力,努力提高自己的政治素质、应急处突能力、群众工作能力、科学决策能力等,敢于面对问题,勇于解决难题。农村基层干部应当在基层的实践过程中,充分了解民生、国情以及党情,增强创新意识,提高创新能力,在岗位奉献中增进爱民为民情怀,在攻坚克难中实现推动农村振兴的人生价值。

三、加强农村党员队伍建设

(一)在加强教育培训学习中提高农村党员队伍水平

农村基层党建引领乡村振兴,就要在教育培训学习中积累乡村振兴发展的知识体系,不断提高农村党员队伍服务乡村振兴的水平。坚持不懈用习近平新时代中国特色社会主义思想教育农村党员,学深悟透这一光辉思想,掌握蕴含其中的坚定信仰信念、鲜明人民立场、强烈历史担当、求真务实作风、勇于创新精神和科学思想方法,有助于农村党员提升马克思主义思想觉悟和理论水平,增强投身乡村振兴干事创业的综合素养。

1. 在长期的教育培训中不断提高农村党员队伍水平

在长期的教育培训学习中不断提高农村党员队伍综合素质。习近平总书记指出:"中国共产党人依靠学习走到今天,也必然要依靠学习走向未来。"终身学习是保持党员先进性和纯洁性的重要方法。农村党员要自觉运用先进思想和科学理论引领社会实践朝正确方向发展。坚持把习近平新时代中国特色社会主义思想作为农村党员教育培训学习的首课、主课、必修课,持续做好进教材、进课堂、进头脑工作,确保对农村党员的教育培训全员覆盖、扎实有效。2019 年 1 月,中共中央印发了《中国共产党农村基层组织工作条例》,对农村党员教育管理监督、发挥作用和农村发展党员工作等提出了明确要求:"县、乡两级党委应当加强农村党员教育培训,建好用好乡镇党校、党员活动室,注重运用现代信息技术开展党员教育。乡镇党委每年至少对全体党员分期分批集中培训 1 次。"在培训内容方面,做到内容丰富,学以致用。组织农村党员深入学习党的指导思想、党的路线方针政策和党的基础知识。加强理论武装,既要靠政治自觉,也要靠制度保障。建立常态化学习制度,不断推进集中性教育向经常性教育延伸。健全并落实农村党员教育培训制度,定期通过现场观摩、实践考察、远程网络、现场教学、案例教学、红色基地、理论宣讲等灵活多样的形式,"菜单式"开展党建理论、方针政策和实用技术培训等综合素质培训,提高农村党员政治理论素养、业务水平、农业技能和改革创新能力的综合本领。完善理论学习考核激励机制,把学习贯彻党的创新理论作为考核领导班子和衡量农村党员思想政治素质的重要内容,加大述学、评学、考学力度,推动党员真学、真懂、真信、真用。围绕农业和农村经济发展新阶段的任务,重点学习现代农业、市场经济、法律法规、实用技术、服务群众以及村党组织领导的村民自治等方面的知识和技能。在培训方式上,做到灵活多样。采取集中培训与分散培训相结合、课堂教学与参观考察相结合、请进来与送出去相结合、理论学习与实地培训相结合,根据不同乡镇、不同村庄的实际情况,分门别类、分期分批轮训,通过上大课、基地实践、现场教学等多种形式开展培训,增强教育培训的吸引力和感染力,提高学习效果,在教育培训中让农村党员在思想上、文化上和农业技术上不断得到综合提升。丰富和创新学习内容和形式,建设和用好网络学习平台,充分发挥"学习强国"学习平台的聚合和引领作用。持续推进科学理论大众化,建立健全精准传播、有效覆盖的工作机制,以及党员自学、党员教育培训、基层党组织学习、理论宣讲等制度,持之以恒加强理论武装,推动理想信念教育常态化、制度化。在教育培训中将坚定理想信念作为农村党员加强思想建设的首要任务,教育引导农村党员牢记党的宗旨,自觉做共产主义远大理想和中国特色社会主义共同理想的坚定信仰者和忠实践行者。

2. 在长期的多样化学习中不断提高农村党员队伍水平

在长期的多样化学习中不断提高农村党员队伍服务水平。"党的农村基层组织应当组织党员认真学习和忠实践行习近平新时代中国特色社会主义思想,推进'两学一做'学习教育常态化制度化,认真开展党内主题教育,学习党的基本理论、基本路线、基本方略,学习形势政策、科学文化、市场经济、党内法规和国家法律法规等知识。"在学习中将习近平新时代中国特色社会主义思想和党的科学理论武装农村党员头脑。农村基层党组织要严肃认真落实"三会一课"制度、切实规范主题党日活动。加强对党员的思想政治教育,着力激发党员积极性、主动性、创造性。严格落实每月学习日制度、学习考评机制、学习激励机制等配套学习制度,在长期自我学习和集体学习中坚定农村党员理想信念和提升理论水平。建立规范学习制度,创新思想政治理论学习方式。不断加强学习党中央关于实施乡村振兴战略的创新理论和政策文件,把报纸、电视、广播等传统媒体与网络、微信、微博、"学习强国"、QQ 群等新兴媒体相结合,综合运用新时代农民讲习所、理论宣讲、各类党校定期培训等丰富多样的学习方式,推动农村党员加强理想信念教育、宗旨意识教育、党纪国法教育、初心与使命教育、红色教育等思想政治理论教育常态化、制度化、长效化,用习近平新时代中国特色社会主义思想武装农村党员干部头脑,夯实农村党员为民服务的思想根基。在长期思想教育、理论学习和为民服务实践中提升农村党员的思想政治理论水平和科学文化素养,为农村党员在推进乡村振兴中发挥思想引领作用提供坚强的思想保证和理论支撑。农村基层党组织要坚持以党支部或党小组为基本单位,通过"三会一课"、主题党日、组织生活会等形式组织党员集中学习,针对不同领域、不同行业、不同单位党员的实际,开展分众化、差异化的理论学习,确保理论学习抓在日常、严在经常。运用网络信息技术,创新宣传教育方法。持续用好"学习强国""党员 e 家"等新媒体学习平台,采取"微学习""微党课""微宣讲"等新形式,通过农村党员和群众喜闻乐见、易懂易记的方式,让科学理论"飞入寻常百姓家"。利用网络信息传播及时、便捷的优势,加强组织与党员之间的线上线下沟通交流。通过中国共产党新闻网站,各县、乡镇党组织新闻网站发布党内信息,广大党员,特别是流动党员,就能随时随地通过网络了解党建信息。在多样化方式综合运用中不断提高农村党员队伍综合素养,为推进乡村振兴提供坚强的组织保证。

3. 在发展乡村文化中提升农村党员的思想文化素养

以文化繁荣发展为乡村振兴的强劲动力,必须在农村基层党组织的引领下,大力发展现代乡村文化事业。推进乡村文化繁荣发展,创新发展优秀的乡村文化,是农村基层党组织发挥思想指导作用的关键职责。利用新时代农民讲习所、农民夜校、文化大讲堂、农家书屋、村史馆、文化院坝、文化广场、乡村大舞台、理论宣讲、文化长廊、报刊、广播、电视与网络媒体等多种文化平台,通过乡村文化专项资金投入、基础设施建设、人才培育等多方面的统筹协调,推进乡村优秀传统文化、乡土文化、红色文化、农耕文化、乡贤文化、民俗文化、生态文化、法治文化等优秀文化的保护、传承和创新,丰富农民群众的精神文化生活,不断提升乡村社会的文明程度。

在实施乡村振兴战略中,农村思想文化建设是乡村振兴的精神文化支柱。农村基层党组织要积极投身农村思想文化建设,以中国特色社会主义先进文化占领广大乡村文化阵地,强化社会主义核心价值观对农民思想的引导,使农民群众坚定地听从党的号召,感激党的恩情,坚决跟随党的步伐。

在乡村文化建设上,要通过建章立制进行制度保障,使之落地生根、常态化、长效化。在发展乡村文化中,不断提升农村党员思想文化素养,凝聚农民群众共同推进乡村振兴的思想共识。

农村党员干部要采取农民群众喜闻乐见的形式宣传乡村振兴战略思想和部署,推动党的理论创新成果在农民群众中入耳入脑入心,凝聚党心民心,共克困难,共促乡村振兴,形成利国利民的思想共识和实践自觉。通过理论武装、思想引领和文化熏陶协同发力,在促进乡村文化建设中提升农村党员的思想文化素养。

在长期的思想理论学习和为民服务的实践中提升农村党员的思想政治理论水平和科学文化素养,把科学理论的精神力量转化成领导人民群众齐心协力促进乡村振兴的物质力量。在不断加强农村基层党员队伍建设中把农村党员干事创业为民服务的价值追求与农民群众对美好生活向往的强烈愿望转化为共促乡村振兴的实践力量。

(二)加强对农村党员的培养和严格管理监督

实施乡村振兴战略背景下,要建强农村基层党组织,充分发挥农村基层党组织的战斗堡垒作用,就要不断提升农村基层党组织的组织力。大力增强农村党员队伍建设是不断提升农村基层党组织的组织力的重要保障。不断加强对农村党员的培养、管理和监督是农村党员队伍建设的重要内容。

1. 加强对农村党员的发展培养

在推动乡村全面振兴的过程中,对农村党员的发展培养是至关重要的。农村党员是党的基础力量,是党组织和群众之间的联系桥梁。为实现乡村振兴战略,我们需要优化农村党员队伍结构,重视从青年农民、农村外出务工人员、农村妇女中发展党员。

壮大农村党员队伍,需要选拔政治坚定、结构合理、素质优良、敢于担当的农村党员。在选拔过程中,应优先考虑政治标准,以"德才兼备、以德为先、群众公认"为导向,吸引各类优秀人才加入党内。同时,我们要加强对农村党员的教育培训,提升农村党员的政治理论素养、业务水平、农业技能和推动改革创新发展的综合能力。

激发农村党员的积极性,需要完善制度保障、政策优惠、经费支持和待遇提升等多方面的配套措施。通过这些举措,鼓励农村党员扎根农村,依靠科技力量推动农业转型升级,因地制宜地发展特色优势产业,共同推进乡村振兴。需要关心关爱农村基层干部和党员,政治上激励、工作上支持、待遇上保障、心理上关怀。宣传表彰优秀农村基层干部先进典型,彰显榜样力量,激励新担当新作为。从中央到地方,采取多方面激励措施,培养懂农业、爱农村、爱农民的农村党员队伍,为凝聚广大民众共促乡村振兴的思想共识奠定坚实基础。

通过健全制度、优惠政策、经费保障、待遇提升等手段,确保农村党员下沉到村组服务农民群众常态化、长效化、制度化。激励党员深入基层,发挥先锋模范作用,在防汛抗洪救灾、公共卫生健康突发问题等危难时刻,农村党员要敢于担当、冲锋在前,保护农民生命安全和身体健康,推进乡村振兴。

2. 加强对农村党员的严格管理监督

实施乡村振兴战略背景下,在不断发展壮大农村党员队伍的同时,也要加强对党员的严格管理监督。强化对农村党员的目标管理。农村基层党组织明确规定每一个党员在一年里所要达到的工作目标,工作目标涉及党组织活动的参与、政策的贯彻执行、社会公益活动的参与等。着重从制度上加强管理。"对党员进行教育、管理、监督和服务,突出政治教育,提高党员素质,坚定理想信念,增强党性,严格党的组织生活,开展批评和自我批评,维护和执行党的纪律,监督党员切实履行义务,保障党员的权利不受侵犯。加强和改进流动党员管理。关怀帮扶生活困难党员和老党员。做好党费收缴、使用和管理工作。依规稳妥处置不合格党员。"要大力加强对农村党员的教育管理,不断提升党员干部综合素质。严格党员"入口"和"出口",严格把好党员"入口"关,利用大数据网络加强上级党组织、流出地党组织、流入地党组织对流动党员的综合管理。尤其是对于外出务工经商的流动党员,不少农村基层党组织建立了外出党员登记制度、思想汇报制度、联系制度、党费交纳制度等,成效明显。在岗位管理中,要注意区别对待有职务党员和无职务党员。对不符合党员标准的党员进行教育,对教育后仍达不到或者不发挥党员作用的进行组织处置,对违规违法蜕变分子依照党纪国法进行相应处理。根据近年来农村外出务工人员较多、不断流动的实际情况,对加强和改进流动党员教育管理提出明确要求。"党的农村基层组织应当加强和改进流动党员教育管理。流入地党组织应当及时将外来党员编入党的支部和小组,组织他们参加组织生活和党的活动。流出地党组织应当加强对外出党员的经常联系,可以在外出党员相对集中的地方建立流动党员党组织。流动党员每半年至少向流出地党组织汇报 1 次在外情况。"通过流入地和流出地相互配合加强对农村中流动党员的教育与管理。严格管理监督,要求坚持"三会一课"制度,村党组织以党支部为单位每月相对固定一天开展主题党日,党支部经常开展谈心谈话,坚持和完善民主评议党员制度,推进党务公开,严格执行党的纪律等。严格按照事前公开、过程公开、结果公开的要求,通过党务公开提高党员对党务的知晓度,保障党员的知情权。扩大农村基层党组织的党内决策,认真执行事前问计问需、事中问策问难、事后问效果问群众满意度,提高农村党员对农村党内事务的参与度,保障党员的参与权。通过农村基层党组织生活的规范化、制度化,发挥农村党员在党内政治生活中的主体作用。农村中有职务的党员应强化立足岗位,爱岗敬业。而无职务党员则强调设岗定责,增强党员的责任感和使命感。"农村党员应当在社会主义物质文明建设和精神文明建设中发挥先锋模范作用,带头投身乡村振兴,带领群众共同致富。党的农村基层组织应当组织开展党员联系农户、党员户挂牌、承诺践诺、设岗定责等活动,给党员分配适当的社会工作和群众工作,为党员发挥作用创造条件。"通过开展党员联系农户、党员户挂牌、承诺践诺、设岗定责等活动,推动广大农村党员在推进乡村振兴中当先锋、做表率。

在建设数量充足、质量优良的农村党员队伍中增强农村基层党组织的组织引领作用。在促进乡村振兴中不断增进人民福祉,不断建强综合素质过硬的党员队伍,为农村基层党组织全面领导乡村振兴做坚强组织保障。

第二节　完善村民自治组织

一、健全村民自治组织体系

村民自治是一种农民群众自主行使民主权利、管理村内事务的主要方式,具有群众自治以及直接民主的特征。在 40 多年的发展过程中,我国村民自治制度得到了迅速发展,相关制度也逐渐完善,并且,逐渐建立了一套完整的"民主选举、民主决策、民主监督"的制度体系,又形成了以村民委员会和村民小组为核心的民主管理机构、以村民会议和村民代表会议为核心的民主决策机构等体系。在村民自治组织体系中,不同组织在地位、所扮演的角色等方面都存在一定的差异,它们之间是相互合作、相互监督的关系,在一定程度上,基本上实现了农村的高效治理。

以村民委员会和村民小组为核心的民主管理机构。宪法中明确规定：明确村民委员会的定位，将其列为农村基层群众性自治组织，同时，还确定了村民委员会在法律中存在的地位。村民委员会应当结合当地村民的实际情况，根据有利于群众进行自治、促进经济发展以及社会管理的原则设立。在村民委员会中，坚持以少数服从多数为原则的民主决策，坚持公开透明的工作原则，坚持村务公开，完善各项工作机制。根据村民各方面的情况，例如集体土地的所有权、经济情况、居住情况等，建立村民小组；在村民小组中，村民之间相互熟悉，因此，利益也有所相似，这就更容易反映出问题，方便干部解决，以实现公共服务的输出以及公共事务的管理。因此，村民小组在村民与村委会的关系中发挥着重要的作用，它在村民利益表达、村庄治理、政策实施中发挥着重要的作用，极大地减少了村委会的工作负担。

以村民会议和村民代表会议为核心的民主决策机构。为了使村民自治向着更好、更健康的方向发展，这就需要建立一套完整的权力平衡机制以及监督机制，以避免出现权力滥用的情况。村民会议是村民直接参与村内事务的最高决策机关，它是这种权力制衡与监督机制的组织载体。村民会议具有权威性、民主性、广泛性的特征，并且根据相关法律逐渐形成了决议，村干部对其进行否定，即使是乡镇政府也很难动摇，因此，这就逐渐形成了对村民委员会权力的监督以及制约，同时，还能确保村民自治权利不被破坏，得以顺利实施。在人口相对较多或者居住情况相对分散的村庄中，设立村民代表会议，其主要任务就是对村民会议授权的事项进行讨论与决定。村民代表会议的规模不大，召集方便，很好地解决了许多难题。村民代表会议与村委会共同组成了村民自治的议事与决策机关，它不仅能够实现对权力的约束与监督，还能使村民自治的组织制度与农村社会的管理体制更加健全，而且符合人民群众的参与需要和国家的政策选择，从而保证了村民自治的民主化方向，促进了农村基层民主事业的进一步发展。

村民自治组织是村民自治的一个平台。从村民自治的角度来看，通过"村务公开"与"民主监督"两种方式来实现对村干部的监督。浙江省武义县后陈村于2004年在全国范围内推行"村务公开"。在吸收浙江经验的基础上，2010年新修订的《中华人民共和国村民委员会组织法》进一步明确，"行政村应当设立村务监察委员会或其他形式的村务监察机构，对村务监察、财务管理、村务公开、村务管理等进行全面的监督"，从而在法律层面上确定了村务监察委员会的主体地位。村务监察委员会成员,应当通过村民会议、村民代表会议共同选举出来。其中,村民委员会的成员与其是亲属关系者,不能在村民委员会中任职。

二、彰显村民自治重要作用

村民自治在我国仍有很大的发挥空间。从有关法律法规与农村治理的实践效果出发,以法律规范和农村治理的实践为依据,我们可以发现,在经济上,能够提高村民的经济收入,为本村带来更多的资源、提供更多的服务,从而促进农村生产建设以及经济发展,同时,还对村民所有的土地及其他财产根据相关法律进行管理,根据集体经济组织,依法开展经济活动,维护家庭的双层经营体制。在政治上,促进村民朝着自由、民主的方向发展,更好地反映村民的意见与建议,大力宣传宪法、法律以及国家政策,鼓励村民时刻做到遵纪守法,爱护公物,保护公共财产,维护合法权益;鼓励各村居民积极合作、互帮互助、互相尊重,以实现共赢;在社会中,运用合理的方式来调解社会矛盾,维护社会秩序,对社会服务性、公益性和互助性的社会团体,按照法律的规定,在农村社区建设中发挥积极的推动作用。在文化上,要大力发展文化教育,普及科学技术,推进男女平等,加强农村团结互助,开展多种形式的活动,促进农村精神文明建设。在生态上,通过法律的手段,指导村民对自然资源的开发与利用,实现对生态环境的保护与改善;乡村基层组织具有广阔的自治空间和丰富的自治内涵,这决定了它在乡村治理中具有无可替代的地位。一是要在各级各部门之间,充分发挥基层组织的协调功能。所谓"村民自治",指的是通过基层党组织的正确领导,村民委员代表全体农民的想法,满足村民意志,合理处理集体经济组织、合作社、工商企业等组织之间的关系,从而更好地维护村民的合法权益。但是,只有充分保护村民的合法利益,各种类型的经济、社会组织才有可能在农村生存、发展。二是发挥创新的农村治理功能。随着我国农村改革的不断深入,形势日趋复杂,在政策制定与执行过程中,应为村民自治留下充足的创新空间,充分发挥其作为"政策流"末尾"毛细血管"的创新功能,确保政策的科学性、精确性与有效性。三是发挥政府与市场之间的联结功能。农村经济的发展,资源的配置,最基本的还是要依靠市场,最重要的还是要依靠政府,特别是在农业、农村和农民发展最不平衡、最不充分的情况下,政府的角色就变得更加重要。要实现"让农户与政府共赢,而不与政府共输",就要充分尊重农户,充分发挥农户的作用,发挥农户的主体作用,充当市场与政府之间的"桥梁",充当"润滑剂"。在此基础上,通过引进各种优秀的资源来促进农村的发展、促进农村的贤能资源的整合等,这些都是村民自治的重要作用。

三、推动村民自治实践创新

完善村党组织领导下的村民自治机制。党对基层社会的组织和动员,是当下中国基层社会构成和整合的根本性原则。严格依法实行民主选举,选出群众拥护的讲政治、守规矩、重品行、有本事、敢担当的村委会班子。推动村党组织书记通过选举担任村委会主任、农村集体经济组织主要负责人,引导村民群众在党组织领导下进行自我管理、自我教育、自我服务、自我监督。

发挥自治章程、村规民约的积极作用。自治章程、村规民约在不违反国家法律法规的前提下,就资源、环境、治安、防火、权益等做出规定,成为村民的基本行为规范,不仅具有民间习惯法和内生秩序的特质,也是乡村治理法治化的体现。通过制定合法的、完善的、规范的、实用的、体现村民民主意愿的村民自治章程、村规民约以及各类专项规约,确保村民普遍享有现代法治国家保障的基本公民权利和自由,特别要保障村民的财产权益、物质权益、经济权益和平等权、政治参与权。

创新有效自治的基本单元。以自然村、农村社区、村民小组为基本自治单元,以多层次、多类型的村民议事会、村民理事会、村民监事会为组织载体,具有很大的包容性、灵活性和适应性,比较符合全国各地不同地区乡村治理复杂性的需求。村民自治的基本单元具有多样性,探索以村民小组为基本单元开展村民自治并非要"一刀切",而要根据不同条件合理确定。在地理环境以丘陵、山区为主的有些地方,以及人口规模相对较大的村庄,农民参与村民自治受到客观条件的制约,探索"以村民小组为基本单元的村民自治"是破解村民自治参与难题的有效路径之一。那些村民居住更为集中、地理条件较为平坦、村民参与村民自治的便利性较高的地方,则可以地域规模更大的"新型农村社区"作为村民自治的基本单元。

探索村民自治有效实现的形式。近些年来,一些农村出现的协商治理实践,为不同身份、不同层次农民民主参与权利的发展提供了较好的形式。农村基层协商治理实践虽然包括村庄精英,但也并不排除其他利益相关者,这与单纯民主选举所形成的精英治理大不相同。在一些发达地方的农村,人们甚至根据形势的发展将"外来人口"包括在协商治理之中。依托村民会议、村民代表会议、村民议事会、村民理事会、村民监事会等有效自治形式,推动社区协商制度化、规范化和程序化,切实保障农民的民主参与权利。充分尊重村民的主体地位和创造性,鼓励在合法前提下进行各种组织创新,以扩展村民自治的社会基础。培育有地方特色和时代精神的新乡贤文化,鼓励发展乡贤理事会、参事会、议事会等乡贤组织。

第三节　强化农村集体经济组织

一、坚持和创新农村集体经济组织的发展模式

在中国,集体经济是一种新型的社会经济形态。自 20 世纪 90 年代,我国多数地区特别是沿海地区已经开始全方位地实施了乡镇集体企业的改制与转型,在普遍意义上,农村集体经济主要表现为村级集体经济。农村集体经济在农村经济社会发展进程中起到了十分重要的作用,它不仅是确保农村基层组织正常运行和农村公共物品有效供给的物质基础,而且是完善家庭承包经营体制、加强社会化服务的重要保障。

在新形势下,特别是在全面市场化、高速城市化进程中,我国农村集体经济的发展状况表现为:一是农村集体经济发展壮大,资金积累日益增多,集体经济收入逐步提高;二是农村集体经济组织成员的流动速度加快,集体经济结构与集体资产的表现形式也出现了巨大的改变,这使得现行的农村集体经济组织制度与新的发展环境越来越不相适应,给集体资产所有权与处置、组织成员资格的界定、集体资产的管理与经营带来了一系列不可忽视的问题。所以,农村集体产权制度改革,就是要在新的历史条件下,把土地承包经营权流转到农户手中。

在我国不少地方,集体经济组织与村"两委"之间存在着职能重叠现象,制约着其功能的充分发挥。在社会主义市场经济体制下,要使集体财产得到有效的管理和使用,就必须使集体财产真正发挥其应有的作用。唯有如此,才能使集体资产得到激活,使农村生产要素的效能得到最大程度的发挥,使乡村振兴战略得到有效的实施,使农民的收入得到持续增长。要进一步确立集体经济的市场主体地位,尊重其依法自主开展经济活动,厘清产权关系,大力发展

新型集体经济。对于农村集体经济组织出现结构虚化、成员边界不明、法人地位缺乏的情况，浙江省人大常委会于 1992 年出台了《浙江省村经济合作社组织条例》，其中，重点强调了集体经济组织的作用；2007 年，又对其进行了修订，进一步强化了集体经济组织法人地位，明晰了成员资格，理顺了村党组织领导下村经济合作社与村民委员会的关系，明确了村经济合作社在农村集体资产经营管理中的主体地位。

二、深化农村集体产权制度改革

在 2018 年，中央一号文件中明确指出，要全方位地深化农村集体产权制度的改革，加快集体经营性资产股份合作制的改革速度，时刻坚持农村集体产权制度改革的正确方向，充分发挥村内党领导的主导作用。要想更好地促进农村集体产权制度的改革，应当以农村集体产权的归属问题、维护相关成员的合法权益为基础，将集体经营性资产改革作为工作的重心，将以发展股份合作等多种形式的合作与联合作为指导方针，坚持农村土地集体所有，不断地解放劳动力，发展农村社会的生产力，从而促进农业向着更加富裕、繁荣的方向发展。

建立"归属明晰，权能完整，流转顺畅，保护严格"为一体的集体产权制度，并且，要具有中国特色社会主义的理念，是目前农村集体产权制度改革的重要方向。其中"归属清晰、权能完整"最为关键，要实现这一目标，就要以推动农村集体经营性资产改革作为工作核心，将发展股份合作等多种形式作为工作方向，尽快实现资源向资产的转变、资金向股金的转变以及农民向股东的转变。在此基础上，从点到面，逐步推进。农村股份合作制是在农村集体所有制的框架下，逐渐形成以家庭承包经营为主的统分结合的双层经营体制，是集体所有制的一种有效的表现形式。

我国农村集体经营资产股份合作制改革的实践，是我国农村集体经营资产股份合作制改革的重要内容。从目前正在进行的改革试点来看，绝大多数的产权经营都采取了不随着人数的增加和减少而进行调整的静态经营模式。这种经营方式能够有效地避免集体资产的流失，避免被内部的少数人所掌控，避免被外来的资本所侵蚀，从而不会对农村的社会稳定造成太大的冲击。要因地制宜，试点先行，分类推进。在经济发达、村集体资产丰富的地区，要大力推行股份合作制，构建出一套由集体组织成员按比例共享集体资产经营产的利润的现代经营管理体系。而在经济发展相对落后,集体资产不多,甚至有债务的地区,则以"还权"和"赋能"为主要内容。

推行农村股份合作,是对现行农村经营制度、集体资产管理制度的一次重大改革,也是对收入分配模式的一次重新调整,与广大农民的切身利益息息相关。应重点考虑每个农民的意愿,充分发挥农民的主动性。集体资产清产的结果、方案的制订修改、股份的量化等诸多重大事项,都需要由农民群众进行民主讨论并进行民主决策。尤其是在确定集体经济组织成员时,必须做足工作,妥善安排新增加的人口,如外来户等。

三、壮大农村集体经济

我国社会主义经济制度的基础是生产资料的社会主义公有制,即全民所有制和劳动群众集体所有制。农村土地除有法律规定属于国家所有的以外,属于农民集体所有。农村集体经济组织实行家庭承包经营为基础、统分结合的双层经营体制。农村中的生产、供销、信用、消费等各种形式的合作经济,是社会主义劳动群众集体所有制经济。农村集体经济组织拥有土地等资源性资产,是村级组织赖以存在和发展的经济基础。只有发展壮大村级集体经济,才能全面推进乡村振兴战略,让农业成为有奔头的产业,让农民成为有吸引力的职业,让农村成为安居乐业的美丽家园。

浙江省从 2001 年开始,坚持不懈发展壮大村级集体经济,抓推进、抓巩固、抓深化。至 2016 年底,全省村均集体经济收入达 132 万元,是 2001 年的 6.4 倍。但 2016 年底,全省仍有 6 920 个,即 1/4 的村年集体经济收入在 10 万元以下。为切实补齐短板,省委、省政府全面部署实施消除集体经济薄弱村三年行动计划,大抓集体经济发展。至 2017 年底,全省 5 000 余个经济薄弱村实现"消薄"。

大力发展村级集体经济,主攻方向是增强"造血"能力,实实在在谋划建设项目,切实加大财政、金融、税收、用地等政策的综合支持力度,不断增加村级经营性财产性收入,防止简单地以财政兜底了事。根据各村不同的经济基础、区位特征、资源禀赋,因村制宜、综合施策,不断拓宽村级集体经济发展路子。具体而言:一是飞地物业驱动,针对位置偏远、经济薄弱村单兵作战能力弱的实际,由县乡统筹整合资金资源,抱团发展物业经济,获取固定租金收益。二是盘活资源撬动,采取镇村联建、村村合建等方式,抱团成立运营公司,整合盘活区域内优质资源资产实现收益,村集体通过股份分红持续稳定增收。三是特色产业带动,村集体组建农民专业合作社、中介服务组织等,通过直接发展或间接服务效益农业、乡村旅游、农村电商、仓储物流等特色产业创收。四是加强规范管理,坚持开源与节流并举,编制农村"小微权力"清单,注重"三资"管理,强化节支节流,减少村级非生产性支出,"抠"下资金投资优质项目,提高村集体经济收益。

第四节　推进农村群团组织建设

在中国农村基层治理的现实环境中,工会、共青团、妇联等群众团体组织既具有体制身份,又具有社会属性,既可以作为代表党和政府联系相应群众的"桥梁纽带",又可以作为国家权力和社会力量间的"中介",有着不可替代的重要作用。农村群团组织要以提高吸引力、凝聚力、战斗力和扩大有效覆盖面为目标,创新基层的组织方式和活动方式,探索完善开放共享的资源整合机制,推动直接联系群众工作机制落到实处,扎实推进群团组织自身改革,进一步保持和增强政治性、先进性、群众性,积极参与乡村振兴。

一、农村共青团组织

作为党的有力助手和储备力量,共青团在我国政治生活中具有独特的地位和影响力。其核心使命是进行思想政治教育,并将其贯彻到所有工作中。我们需要针对农村青年的特点,用他们能理解、容易接受的方式,传达党的主张。应该积极开展主题教育,加强实践体验,组织各种具有时代特征的社会实践活动,让团员青年通过参观、乡村公益、志愿服务、集体劳动等方式,直观地了解形势政策和村情民意。应该坚持服务大局的主线,致力于农村青年人力资源的开发,包括返乡创业、电商培育等,以提高青年劳动者的素质,带动更多的农村青年增收致富。

需要紧扣桥梁的角色,利用基层团组织深入青年的优势,丰富团的神经末梢,推动团干部直接联系青年,倾听他们的声音,了解他们的需求,将服务青年的使命放在首位。还需要创新教育方式,根据不同领域、年龄和层次的青少年,进行精准引导,增强农村团员青年坚定不移跟党走的思想自觉和行动自觉,鼓励他们在新时代敢于有梦、勇于追梦、勤于圆梦。

强化组织建设的防线。大力加强农村基层团组织建设,不断深化区域化团建,务实推进乡镇实体化大团委建设。探索"互联网+共青团"的新型工作模式,注重提高服务青年的精准度和实效性。坚持组织覆盖与工作覆盖相结合,注重把外出务工青年、返乡青年、社区闲散青年等青年群体纳入团组织的关注视野,不断延伸团的工作触角。将活跃于广大乡村的各类青年群体形态整合在党政和共青团周围,共同参与农村治理,服务乡村振兴。

二、农村妇联组织

农村妇联组织要提高引导和服务广大农村妇女的能力,在推进乡村振兴的过程中更好地发挥应有的作用。对妇女需求的准确把握是做好妇联工作的前提和基础。农村妇女的需求主要集中在五个方面:一是对创业就业和技能培训的需求尤为突出,这部分妇女的年龄集中在35—55周岁之间,希望能够为她们提供诸如家政服务、居家养老服务、月嫂服务、后勤岗位、兴办农家乐等方面的技能培训,增强她们的创业致富本领。二是在基层妇联组织开展的所有活动中,妇女权益维护活动的知晓度最高,而且被认为是对广大妇女群众最有帮助的活动之一。三是健康保健,特别是妇科方面的健康知识尤为需要。四是随着农村劳动力的频繁流动、"单独二孩"、"全面二孩"和"全面三孩"政策的实行,广大妇女对亲子教育的需求也呈上升趋势,如何按照孩子的身心发展需求来养育和教导孩子,成为她们十分关心的事项。五是对没有经济来源的贫困家庭、身患绝症的不幸妇女、失独家庭、单亲家庭子女等困难妇女,应当加大扶贫帮困的力度,为她们改善生活条件提供物质保障。

转变工作理念,发挥职能作用。引导和带动广大农村妇女勠力同心跟党走,勤学奋进建功业。发挥妇女在社会生活和家庭生活中的独特作用,把社会主义核心价值观融入日常生活,转化为情感认同和行为习惯,自尊、自信、自立、自强,用勤劳和智慧创造人生价值。在发展现代农业、继承优秀乡土文化、推进农村发展中更好地体现中国担当,希望更多的妇女在乡村振兴中积极作为。推动基层妇联组织增强工作的积极性和主动性,根据农村妇女所需所急来设计项目、开展活动,把妇女联系得更紧更多,把服务工作做得更深更实,帮助她们解决最困难、最操心、最忧虑的实际问题,满足她们最关心、最直接、最现实的利益需求,使妇联真正成为广大妇女群众的"娘家人"。

整合各方资源,聚力开展工作。多与辖区内的其他党政部门沟通,借助各种力量和资源来开展妇联工作。充分寻求企业、女性创业人才、社会组织等方面力量的支持,同时借助新闻媒体的宣传,扩大妇联组织的社会影响力。重视引进专业人才如社会工作、心理咨询、法律专业等方面的人才到妇联任职或兼职,从而更好地解决妇女群众在生活中遇到的婚姻家庭矛盾、亲子教育等难题。

创新工作方式,增强组织活力。跟上"互联网+"时代的步伐,打造线上线下相互促进的妇联工作新格局。要以问题和需求为导向,设计符合本地不同类型农村妇女群众特点的项目,以项目化方式推进工作开展。积极依托和发挥农村社会组织的作用,共同开展活动,服务妇女群众。

三、农村工会组织

随着农村工业化和乡村企业的蓬勃发展,农村职工队伍不断壮大,包括本地农民工和外来农民工。各级工会组织需要创新工作思路和方法,积极扩大工作范围,提高工作效果,发挥工会组织在服务农村经济发展和乡村治理中的作用。

工会组织要秉持以职工为中心的理念,尊重职工思想,贴近职工情感,依靠职工力量,充分发挥工会"大学校"的功能,引导职工遵循党的方针政策。同时,要倡导职工树立"劳动创造幸福"的价值观,通过努力工作,实现广大职工对美好生活的期望。工会组织还要注重为职工群众解决实际问题,创新工作方法,提高工作的针对性和有效性。

工会组织要把维护职工权益放在首位,将工会打造成农民工的"娘家",切实承担起职工合法权益的代表和维护者的职责。参与劳动关系建立、运行、监督、调处,提高劳动合同、集体合同的签订率和履约率,解决职工关注的劳动就业、收入分配、社会保障和劳动安全卫生等问题。工会组织还需指导农民工与用人单位签订劳动合同,确保用人单位为农民工购买基本社会保险,维护农民工的生命权、健康权和平等工作权。同时,要加强农民工的法律教育,提高他们运用法律手段维护自身权益的能力。完善困难职工帮扶机制,发展职工劳动福利。

工会组织要把为职工群众服务作为实现职工社会权利、推动社会有效治理的基础性、经常性、根本性工作,真诚关心职工需求,与职工群众心连心。根据发展需求,采取多样化的方式,对农民工进行政治理论、法律法规教育,开展实用技术培训,提高农民工的综合素质和能力。

第五节　发展农村社会组织

一、重视乡村能人贤达的社会价值

随着工业化、城镇化、市场化的不断推进,农村不再是单一的同构性社会,不同阶层、不同成员间的关系日益呈现出区别于以往的新特点。不少地方由于精英人才流失、传统秩序变革和社会阶层分化等,"乡政村治"的乡村治理模式遇到了"瓶颈"。农村中有威望有能力的能人贤达,在现代乡村基层治理中有着不可或缺的作用。事实上,随着大量的农村劳动力外出求学务工、谋求发展,其中一部分人通过自身努力在经济、政治、科技、管理、文化等领域取得了一定成就,从而成为群众心目中的"能人"或"新乡贤"。这中间不少人拥有天然的乡土情结,愿意将他们的优质资源和智慧见解分享到家乡的发展中来。创新农村社会治理,要重视乡村能人贤达的社会价值,注重发挥其积极作用,培育和发展农村社会组织,构建多元、开放的农村基层治理体系,形成党政主导、农民主体、社会组织和新乡贤协同发挥作用的共治共享格局。

二、发挥农村社会组织的积极作用

农村社会组织是以公共事务治理、共同利益追求为目标,在农村经济社会发展中发挥服务、沟通、协调等作用,以农民自我组织、自我管理、自我教育为主要特征的民间自治组织。其主要包括各类村民社团、民间调解组织、生产互助性组织以及老年协会、妇女协会、文体协会、环保协会、志愿者队伍、爱心基金会等。农村社会组织的最大特点是贴近基层,能及时有效地表达群众特别是农村弱势群体的意见,还可与有关方面建立对话、协商和沟通机制,实现"上情下达"与"下情上达",减少社会非理性行为的发生。

农村社会组织可以把分散的农民或具有相同兴趣爱好的人们组合起来,或通过各种民间组织、协会等表达意愿;或通过民间调解维护个人的相关利益;或通过灵活多样的方式承担部分公共服务,如为贫困者提供救助、支持义务教育等。它有利于增强村民对村庄、社区的认同感,也对提升农村社会治理水平有益处。要充分认识农村社会组织的积极作用,在资金补助、技术帮助、人员培训等方面提供政策支持,积极培育服务性、公益性、互助性农村社会组织,发展农村志愿服务,满足农民的个性化、多样化需求。

加强农村社会组织的能力建设,提升成员的主体意识和参与能力,引导农村社会组织及其成员本着相互信任、相互支持、互惠互利的原则,以开放、包容的心态参与各类活动,提高服务社会的绩效。在农村社会组织发展中要注意协调与村"两委"之间的关系,社会组织的发展离不开村"两委"的支持和帮助,村"两委"对社会组织为村民提供公共服务的非营利活动,应给予更多的包容和支持。同时,也要对农村社会组织加强监管,促进其朝规范化、合法化方向发展,防范不法分子利用这些组织开展违法乱纪活动。

三、鼓励新乡贤参与乡村建设

新乡贤主要包括:有威望、有能力的老党员、老干部、老教师、老模范等;户籍、原籍或姻亲关系在当地,在外从政、从商、从军、从文的社会精英;在乡间邻里威望高、口碑好的农村优秀基层干部、道德模范、身边好人等先进典型;有能力、有作为、有口碑的外来人口等。新乡贤具有明显的地域性、较高的社会地位、较强的知名度与影响力等特点,是对传统乡贤文化取其精华、去其糟粕的延续和发展。这些新乡贤以个人的名望声誉、行为举动以及对乡村社会事务的主动参与,在提升乡村公共服务能力、促进乡村有效治理中发挥着积极作用。

乡贤是在本地文化环境中孕育和发展起来的,我们应该充分尊重这种文化的价值。这包括对风土人情、地域文化、民间习俗以及权利、幸福、成功的评价标准等进行深入挖掘和整理,从而提炼出村民日常生活中所体现的本土文化。需要明白,尊重本土文化并不意味着盲目接受,而是在准确理解本土文化特点的基础上,将其与乡村振兴的发展方向、现代社会的发展趋势以及社会主义核心价值观有机结合,培育出既符合本土文化观念又体现新时代发展要求的深厚文化土壤,从而促进新乡贤的生成和发展。

乡贤参与乡村治理是农村社会公共事务协同共治的过程,其外在表现为各类主体参与乡村建设,内在目标是推动乡村善治。例如,自 2016 年以来,浙江省临海市永丰镇借助乡贤资源优势,通过"乡贤回归"工程,以乡情乡愁为纽带,以乡贤文化为核心,邀请300 多名乡贤回到家乡,他们在公共事务决策、群众创业致富、矛盾纠纷调解、乡风文明督导和慈善公益等方面发挥了积极作用,构建一个以村党支部为核心、村级组织为主导、村股份经济合作社为基础、村务监督委员会和乡贤会为两翼的乡村治理新格局。

第四章　农村基层治理的路径与对策

第一节　夯实农村基层治理的公共物品基础

改革的持续推进使得市场经济持续发展,社会分工不断细化,社会阶层结构亦持续分化、多元。这一趋势为农村市场经济发展注入了源源不断的活力,但也带来了不稳定的因素。在发挥多元阶层对经济社会发展的能动作用的同时,还要消除其对农村社会带来的不稳定因素,同样也离不开经济领域的发展与变革。如前所述,农村的公共物品涵盖了有形与无形两方面,它与农村社会整体利益密切关联。就我国的国情而言,努力做大经济"蛋糕",是应对经济社会整体问题的首要法宝。同样地,做大经济"蛋糕"夯实农村和谐的经济基础,是防范化解农村公共物品纠纷、增进农民切身利益的治本之策。

一、深入推进农业法治建设

从农业立法方面推进农村法治建设,是业已证明的可行路径。20 世纪 30 年代,西方资本主义国家爆发了严重的经济危机并造成了重大损失,使得运用法律的力量对农业进行干预成为应对受经济危机影响的农业的共同选择。因此,一些西方国家就开始普遍运用国家干预的方法对农业采取特殊的支持和保护政策,并通过农业立法,以促进农业经济的发展。例如,1933 年美国国会通过了关于农业生产的《农业调整法》,实现了对农业的指导并采取相应的政策对农业生产予以干预。第二次世界大战后,为加大对农业的保护力度,日本和欧洲各国都施行了《农业法》或《农业基本法》,并提出了保护农民利益的具体目标,以德国、日本两国为例,其将农民收入实现和城市职工相同的水平设定为基本目标。在我国农村,农民日常最关心的基本就是自家的"一亩三分地"及其收益,因此增强农村经济实力首先应围绕实现农业发展、提高农民收益问题。但是,农业法治建设滞后,导致当前农业基础依然薄弱,实现农民增收仍然较为困难。因此,必须发挥法治在促进农业发展中的巨大作用。总的来说,加强农业法治建设就是要构筑起对农业支持保护的法律制度。

(一)完善农产品价格保障法律制度

在农村法治建设方面,农业法制体系建设具有重要作用。在工业化进程中,许多国家都认识到农业对工业化的贡献和承受的代价,因此致力于加强农业法制体系建设。例如,美国在1996年实施的农业法案规定了政府对农业的支持和补贴与农业商品价格脱钩,使农业生产者能够得到稳定的收入来源,降低了风险。

我国农业法治体系建设有助于推动农村法治进程,为农村经济社会发展提供保障。在农村,粮食等农产品的生产和价格直接关系农民的利益。因此,我们需要改变目前主要依赖国家政策的方式,通过立法或修法来确立农产品价格保障制度,激发农民的积极性,实现农产品增产与农民增收的有机结合。制定具体价格,要兼顾国家、生产者和消费者的利益,既要有利于促进生产发展、扩大流通、丰富市场供应,又要保持市场物价的基本稳定。

此外,为更好地促进生态农业与循环经济的壮大,各地区需要通过颁布相关法律来协调农业与工业的发展。总之,农业法制体系的完善程度直接影响农业保护效果。通过制定法律保障农民利益,我们可以有效地利用法律调控实现农业可持续发展的目标。

(二)出台专门的《农业投资法》

我国急需出台《农业投资法》,为优化产业结构、发展现代新型农业等提供法律保障。该法可做好以下几个方面的工作:借助法律的支持,加快现代农业发展步伐,利用机械化农业的集约化优势,实现现代农业的建设目标;提高农产品的科技含量,增强劳动者的生产素质,加大对新型农业的支持力度,加强对农民创业创新的要素供给、业务辅导服务;调整改善农村产业结构,在保障农业安全的基础上,适当增强第二产业实力,积极扶植第三产业,拓宽农村就业渠道、增加农民收入来源;探索建立涉农资金统筹整合长效机制,加强财政支农政策顶层设计,优化财政支农投入供给,推进行业内资金整合与行业间资金统筹相互衔接配合,理顺涉农资金管理体系,创新涉农资金使用管理机制,改革和完善农村投融资体制,切实提高国家支农政策效果和支农资金使用效益。

（三）完善农业保障法律制度

为了保障农民的利益,我国应该制定有关农业保险的法律,并建立与农业相关的科技、法律、信息等服务性产业。这是因为,农业是国民经济的基础,农民是国家的基本群众。只有保障了农民的利益,才能确保社会的稳定和发展。为了实现这个目标,我们需要在农村法治建设中注重采取配套措施,这些措施不能使农村法治孤立,而应认识到它与其他法治子系统相互交织、共同起作用。主要的配套措施包括:首先,需要完善保护私权的法律制度,出台一系列关于保护私有财产的法律,特别是在民法典中增强对私权的保护,为农民的生产生活提供保障。私有财产是社会经济发展的基础,只有保护了农民的私有财产,才能激发他们的生产积极性,促进农业的发展。同时,民法典的规定也为农民的生产生活提供了法律保障,使他们在遇到问题时能够依法维权。其次,需要进一步推广自由、平等、法治等思想观念,使人们在经济交往和日常生活中更倾向于通过法律途径来保护自己的权益,这为农村法治建设奠定思想基础。只有当人们认识到法律的重要性,才能在遇到问题时寻求法律途径解决,从而推动农村法治建设的发展。再次,需要重视公共教育和提高人口素质,丰富的人才资源有助于推进农村法治建设,实现农村和谐。人口素质是社会发展的重要因素,只有提高人口素质,才能更好地推动农村法治建设。同时,公共教育也是提高人口素质的重要途径,可以使人们了解法律知识,增强法律意识,从而更好地维护自己的权益。此外,还需要加强农村法治建设的组织保障。政府应该加大对农村法治建设的投入,建立健全农村法治建设的组织体系,确保农村法治建设的顺利进行。同时,还需要加强农村法治建设的监督机制,确保农村法治建设的成果得到有效的维护。最后,还需要加强农村法治建设的国际合作。随着全球化的推进,国际的交流与合作越来越紧密。通过加强国际合作,可以引进先进的农村法治建设经验和技术,为农村法治建设提供借鉴。国际的交流与合作,将共同推动全球农村法治建设的发展。

（四）制定《农业发展法》

今后应充分发挥农村土地与劳动力资源丰富的优势,适当开办符合当地环境要求的各类企业,达到工业与农业相辅相成的良好效果。在发展农村多元经济方面,应大力推进田、山集体开发,可采取对外承包、租赁或者由自身组织经营,提高村集体经济收入,进而拓展农民创业创新的新领域。如今,国家大力提倡创新创业活动,农村自然涵盖于其中。因此,各村可以结合自身实际情况积极引导农民发展多元经济,以农户、农户+企业、合作社等形式发展现代养殖业、家庭工业,举办"农家乐"休闲旅游等多元经济模式,实现农民收入来源多元化。

(五)从农业组织建设方面推进农村法治建设

这主要体现在有关农业合作社的法律制度上。作为农业组织化的一种主要形式,农业合作社对美国、日本及欧洲的农业现代化进程起到了十分重要的作用。例如,1922 年美国通过了被称为"合作社大宪章"的《帕尔沃尔斯太德法》,该法对合作社的法律性质、组织机构、资助机制等做了较为细致的规定。由于美国的农业合作社是一种以促进农业发展为宗旨的非营利性组织,因而政府给予合作社较多的优惠待遇,这种支持常常通过法律的形式规定下来,通过恪守组织的非营利性质,进而达到保证农业合作社高效与规范的目的。日本在 1947 年颁布了《农业协同组合法》,从此日本农业协同组合(简称"农协")宣告成立。该法同样规定,农协是一个以提高农业者地位、促进经济发展为目的的非营利组织。此外,作为现代农业合作社发祥地的欧洲,亦有若干国家颁布过类似法律。例如,德国在 1867 年就制定过一部虽经多次修订但沿用至今的《合作社法》;法国法律规定,农业合作社是一种法定资本由合作社股东认购,股份记名且不可分割的股份制企业。由此可见国外建立起的较完善的合作社法律制度值得借鉴,这种做法可以为农业合作社的发展提供法律保障,最终使农业合作社充分发挥促进农业发展、维护农民利益的作用。

二、健全农村利益协调机制

蛋糕的分配与做大同等重要。为此,需要健全利益分配协调体制。构建社会纠纷预防机制,应当根据我国社会结构和利益格局的变化,建立健全利益协调机制。这种机制与公共政策的实施具有正相关性。当前,我国社会结构和利益格局发生了重大变化,利益主体多元化,利益追求多样化,这客观上要求必须重视利益关系的协调,妥善处理利益纠纷。利益问题是催生农村纠纷最为直接的动因,在纠纷尚未出现之前通过利益协调实现利益均衡才是根本。我国现阶段农村存在的社会纠纷,追根溯源,与利益协调机制不完善有关。

"和谐社会的本质特征是利益和谐,从利益冲突走向利益和谐,必须完善利益协调机制。"只有建立健全利益协调机制,才能有效消解各种利益纠纷,从根本上防止社会纠纷的发生。利益分配协调体制涵盖两大方面,即初次利益分配公平和再次利益分配调节。两者作为统一的共同体,相辅相成。初次利益分配公平是农民利益的重要保证,再次利益分配调节是以社会保障等方式进行的财富再分配,具有重要的调节作用。基于实际情况,健全农村利益协调机制应该从以下方面入手:

(一)建立健全利益分配机制

宏观层面而言,完善社会分配制度,公平分配社会资源,共享发展成果。从农村现阶段实际出发,党和政府应通过建立利益分配机制,提高劳动报酬在初次分配中的比重,缓解收入差距过大的问题,这就必然要求保护农产品价格。农产品价格保障法律制度提供的是法律依据,利益分配机制则应确定合理的农产品价格补贴,扩大补贴的范围以及补贴的金额,确保不损伤农民种粮积极性。同时,也应当重视市场与政府的作用,即农产品价格过高时由市场进行调节;当农产品价格过低、损害农民利益时以政府调节为主。收入差距并不一定都会引发社会纠纷,只有分配不公平的差距扩大,才可能使社会纠纷激化。我国已经建立按劳分配为主体、多种分配方式并存的分配制度,目前关键是解决收入差距过大问题。建议逐步提高劳动报酬在初次分配中的比重,真正做到劳动收入与劳动贡献相一致。同时建立健全利益统筹机制。通过建立利益统筹机制,调动农民的积极性,并采取切实有效的措施,逐步缩小农民之间的不合理差距。应当看到,统筹兼顾有利于调动农村各方面积极性、维护人民群众的利益,也是落实习近平新时代中国特色社会主义思想的内在要求。

(二)建立健全利益补偿、平衡机制

征地拆迁和安置补偿导致许多社会纠纷,其中一个原因是补偿标准不合理,或者被拆迁人认为补偿不足。因此,建议提高补偿标准。同时,国家、集体和个人因不当行为给他人造成损失的,应依法给予合理补偿。需要注意的是,补偿并非无条件、无限制的,必须合法进行。补偿方式也可以多样化,包括经济利益补偿和权利机会补偿。实现收入差距合理平衡,防止贫富差距扩大,解决贫富差距问题,实现社会财富共享。要实现收入平衡,需要多管齐下,关键是将行政和法制相结合,税收是调控的重要手段。实践中推进税制改革,加大税收调节力度,完善个人所得税制度。此外,健全农民工工资体制,根据城市物价和平均工资给予合理的农民工最低工资保障。同时,完善农村社会保障,逐步与城市接轨。由于城乡二元体制的存在,我国农村发展落后于城市,社会保障也呈现城乡差异。因此,国家在宏观层面上应积极完善城乡保障制度,加大对农村的财政投入,为农村提供必要的公共物品支持,降低农村基层治理出现公共物品纠纷的可能性。

三、完善农村利益表达机制

利益表达指的是公民向政府提出的利益要求,并且这一要求得到满足的行为体现。应当看到,利益表达往往是通过一定的机制实现的。因此,利益表达机制就是让不同的社会利益群体有表达自己利益诉求的正常途径。在农村无形公共物品(特别是公共政策)引发农村纠纷的情况下,特别是在社会剧烈转型的当下,恰当的利益表达机制尤为重要。然而,客观地讲,当前利益表达机制的建立还滞后于社会成员各异的实际利益诉求,这给保持社会稳定带来了障碍。因此,建立有效的利益表达机制,既是深入推进各项改革的必然需要,也是实现农村善治、构建和谐农村的关键步骤。尽管当前各利益主体、社会阶层之间的利益冲突大多属于人民内部纠纷,属于非对抗性的,但是,新形势下社会纠纷具有相当的复杂性,波及面广,如果这些纠纷得不到及时处理,就有可能演变为对抗性的纠纷。和谐社会不是没有纠纷的社会,而是一个不断化解纠纷的社会,利益表达机制正是能为消解纠纷发挥作用的一大力量。

在社会处于转型期的当下,社会阶层地位和利益关系主体都在发生深刻的变化,由此带来的利益冲突在所难免。应该说,社会结构性变化带来的纠纷与问题主要集中体现在利益的差别、纠纷上,这就使各利益主体的诉求需要得到充分表达。特别是弱势群体的利益表达问题,已经是一个无法回避的问题。消解农村社会纠纷,应当积极完善农村的利益表达机制和政治参与机制,特别是弱势群体的利益表达机制和政治参与机制。因此,要引导群众以合理合法的方式表达自身利益诉求,理性地处理各种利益关系,维护社会稳定。因此,要进一步完善人民代表大会制度和政治协商制度,加强人大代表、政协委员与一般民众的联系;适当增加农村代表的名额,让他们代表农村民众表达诉求,以疏通弱势群体的利益表达渠道;充分发挥工会等带有官方性质的群众团体在利益表达、维护包括农民工在内的职工合法权益、参与劳动纠纷调处等方面的功能和作用;加强不具有官方性质的社会组织建设,为一般民众提供更多、更直接的利益表达平台;改革完善听证制度,扩大听证适用范围,完善听证规则和程序,增加听证代表特别是弱势群体的代表。当然,在用制度安排来容纳和规范利益表达的同时,从利益表达者来说,提高利益表达的理性化程度也是至关重要的。此外,在实践中还应研究如何提高社会的组织化程度,建立更多的经常化、制度化的利益表达渠道。如建立健全信访、社会协商、对话、听证等法律法规制度,形成畅通的社情民意反映渠道,健全人民群众利益表达机制,引导人民群众以理性的、合法的形式表达其利益要求。坚持"倾听"与"疏导"的原则,尽可能地把纠纷化解在基层,把问题解决在萌芽状态。依法、及时处置群众的合理诉求,平衡群众心理,理顺群众情绪,化解群众的怨气。如果物质财富的极大丰富是构建和谐社会的经济基础,那么人们的心理平衡、情绪顺畅、道德规范就是构建和谐社会的思想基础。因此,只有重视群众的心理和情绪问题,建立健全人民群众的利益表达机制,才能制定好农村公共政策,并及时处理人民群众中出现的各方面的问题,才能凝聚人心与力量,实现社会和谐。

四、引导农民自觉践行法治

法治不但体现为公正权威的法律制度,还体现在法治信仰及精神的深入人心。缺乏信仰的法治,将因内在意识的缺失而演变为僵死的制度化模式。法治信仰对于农村基层治理有着重要的意义,其若缺失将对农村纠纷的消解形成巨大的障碍,对消解农村各种实体权益纠纷百害无一利,从而不利于农村的和谐建设。诚如卢梭所言,最重要的法律镌刻在公民的内心里。在农村基层治理视域下,形成无形公共物品的首要任务就是确保农民形成法治信仰,因为这是农民思想上的"基础工程"建设。法治信仰是另一类无形公共物品(即公共政策)有效制定并实施的前提。培育法治信仰需要从法治认知和法治情感角度出发把握"知",从官方与民间两个层面着手示范"行",真正实现"知行合一",形成法治为人们高度信仰的局面,以推进农村基层治理法治化。

(一)重塑法治之"知"

应当看到,此前人们尤其是农民对法治之"知"的认识是片面的,因为他们的认识基本停留在法律知识层面,而对法治意识及情感却未能形成认识。就此而言,只有重塑人们对法治之"知"的认识,育成法治信仰,才能使农民在面对纠纷时首先想到的是寻求法律援助,为推进农村基层依法治理提供观念支持。部分地区经过长时间的普法,法律知识的宣传教育工作成效很大,村民的法律知识与过往相比已不可同日而语,但这与实现农村基层依法治理还有较大差距。在继续大力宣传与农民切身利益相关的法律法规(如有关土地承包与征用,宅基地、土地入市的法律规定)基础上,要着重树立村民的法治意识(规制公权力、保障私权利),促进农民积极主动监督公权力的行使与保护自己的权益。法制宣传教育将使广大村民既知道法律具有强制性,又善于行使个人的众多权利,对法治的积极期盼代替以往的怀疑、冷漠甚至反感。综合现实来看,村民对法律法规的学习兴趣、监督权力行使的积极性与是否涉及自身利益直接相关,这启发我们在进行法治宣传教育时务必想方设法引进丰富多彩的教育形式与人们喜闻乐见的方法,使广大农民意识到它与自身利益的关系。综上,农村从传统熟人、人治社会转向陌生人、法治社会,将是一场思想观念、内心信仰的巨大变革。

(二)示范法治之"行"

执行法律是基本要求,高层次的法治也必须遵循这一原则。农村法治建设需要官方和民间层面自觉依法行事,特别是农村基层领导守法,为农民树立积极榜样,推动农村法治发展。要实现这一目标,基层干部应正确认识法治和法律的重要性,坚决遵守宪法和法律,确保法治在农村得以实施。加强农村干部的法治培训、考核和监督,提高践行法治的能力,完善监督体制。引导农民自觉遵守法律,因为农民对法治的认可程度直接影响农村纠纷的解决。通过开展有奖竞赛、评优评先、法律知识讲座等活动,提高农民对法治的兴趣。

第二节　盘活农村基层治理的公共资源收益

农村公共资源不但在农民日常生产生活中具有不可替代的作用,而且为引发农村纠纷的重要因素。目前来看,除环境问题外,产权问题是引发农村公共资源纠纷的核心原因,它容易加剧农民事实上的贫困,进而影响农村的和谐、稳定。对农民而言,农村产权制度的主要对象涵盖了承包地、宅基地、林地及其他集体建设用地等。因此,要积极建立符合时代发展的"归属清晰、权责明确、保护严格、流转顺畅"的产权机制,让农民在拥有较为完整产权的基础上得到切实利益,是农村公共资源治理的应有之义。一言以蔽之,农村产权与集体所有制联系密切,改革农村产权制度既是化解农村公共资源纠纷的重要途径,也是保持农村利益均衡、增进农民权益的有力举措。

一、落实农村土地依法登记

基层治理法治化的目标是为了保障公众权益,农村基层治理法治化也应该如此。农村不动产统一登记作为国家整体登记制度的重要组成部分,与农村基层依法治理的关系密切。这种登记制度有助于更多的经济要素在市场上自由流通,客观上有助于农村法治经济的壮大,从而加速农村基层治理法治化进程。农村不动产主要包括农村各类承包的土地。中央提出要完善农村土地承包经营权分置制度,这也需要对土地进行登记。因此,需要从完善相关制度和规范主体行为两个方面来推动不动产登记,从而进一步推进农村基层依法治理。

(一)施行现有不动产登记法律制度,适时推出专门的不动产登记法

目前,《不动产登记暂行条例》及其实施细则、《中华人民共和国土地管理法》及其实施条例等构成了我国调整农村不动产登记的主体法律规范。

鉴于现实情况,现阶段的主要任务就是切实做好《不动产登记暂行条例》及其实施细则的施行工作,尤其是要注重农村地区相关工作的落实。以河北省为例,河北省自然资源厅印发《全省持续提升不动产登记便利度实施方案》。河北省将大力推广不动产登记电子证照应用,加快建设全省统一不动产登记电子证照库,实现纸质证照和电子证照同步签发。当然,由于农村地区具有的特殊性,因此在推行不动产统一登记工作过程中必须适当地考虑农村的特点。换言之,应结合农村的现实情况完善农村不动产登记制度,不能搞"一刀切"式的登记模式,否则将只会导致农村相关权利主体的抵制、反感,进而对统一登记工作造成不利影响。在吸收农村不动产登记工作的经验教训、深入开展调查研究、切实做好理论升华的基础上,适时地制定并颁布专门的《不动产登记法》,通过提升法律位阶的方式,为推进不动产统一登记提供更为强有力的法

律保障。之所以要制定、出台专门的《不动产登记法》，原因主要有二：其一，不动产登记涉及国家、公民切身利益的重大问题，属于民事基本制度的范畴，因此应当按照《中华人民共和国立法法》的规定，对属于民事基本制度的事项制定相应的法律；其二，《不动产登记暂行条例》仅是行政法规，从效力层次上看，其低于法律，这不利于促进我国不动产登记法律制度的发展。

（二）整合登记机构职能，引导农村不动产权利主体依法登记

近几年，我国不动产登记制度经历了由分散登记向统一登记转变的过程，这既是我国不动产登记制度发展变迁的历史，也是全面深化改革的一个缩影。在深化农村经济体制改革过程中，建立不动产统一登记制度具有重要的作用，它是兼顾城乡共同发展的措施，有利于保障公民的切身利益，对实现农村基层依法治理的作用不可小觑。事实上，在农村推进不动产统一登记亦要求农村产权交易市场（一种自由开放的市场）之建立，后者是前者的前提（城乡不动产在此无本质区别）。目前，国内大部分地区按照《不动产登记暂行条例》的要求，着力推进不动产登记机构的建设，虽取得了重大突破，但有关机构设置、人员配置、制度运行等操作性问题仍然存在亦是不争的事实。因而，整合以往各登记部门的职能于新设之登记机构、着重解决制约登记机构发挥职能的问题，仍是横亘在眼前的重任。

建立定期+不定期交流学习制度，对于提高登记机构履职能力，引导农村不动产权利主体依法登记具有重要意义。现在各地在落实统一登记工作进程中的表现、成绩并不一样，有的地方成效明显并形成了广受认同的特有模式（如"赣州模式"）。这些特有模式对其他地方具有很强的借鉴价值。着力加强登记机构间的交流学习，无疑是未来落实农村土地依法登记的必选项。此外，应当注重规范登记机构的工作人员及农村不动产权利主体的"行"。登记机构的工作人员应当深刻认识到推进统一登记工作的重要作用，也应当在农村采取各种方式（如派发宣传小册、设立流动巡讲点等）加大统一登记的宣传力度，根据农村实情，适时运用不同的工作方式，使农村权利主体做到认同并自觉进行登记。相关农村不动产权利主体则应当端正心态，积极正视这一关涉切身利益的登记工作；利用多渠道自觉学习不动产统一登记的相关法律知识；在发生不动产交易纠纷时，能够自发拿起法律武器捍卫自己的权益，做到依法依规地处理农村纠纷。

总而言之,通过法律的方式就相关权属开展确认与登记工作,有利于统一的城乡产权交易市场的发展。农村地区是国家统一登记工作的难点所在,强化农村登记工作的落实效果,不仅是促进登记法律制度发展的需要,而且客观上有利于推动市场经济在农村地区的进一步壮大,能够既保障土地资源收入又防止土地流转中产生新的纠纷,进而为实现农村基层依法治理营造有利氛围。

二、改革农村集体产权制度

改革农村集体产权制度是深化农村改革的重要环节,它对发展农村集体经济、提高农民财产性收入、保持农村利益均衡具有重大意义,能从源头上降低相关纠纷发生的可能性。十八届三中全会《中共中央关于全面深化改革若干重大问题的决定》在坚持和完善基本经济制度的改革任务中,首先提出的就是完善产权保护制度。自提出"完善产权保护制度"以来,这一改革已经取得了相应的成果,然而受当前法律与政策等因素的约束,多地在深化改革过程中皆发现了若干亟待化解的重点难题。针对上述问题,为维护农民权益,从制度层面做好防范化解纠纷的顶层设计,需要积极做好以下工作。

(一)合理明确农村集体经济组织的成员资格

由于集体产权改革与其成员利益密切相关,因此,在推进这一改革过程中必须对主体是否属于该组织成员做出明确的回答。对此,需要综合历史与权利义务、标准与程序等因素,全面把握户籍关系与土地承包情况、贡献程度和法律规定等因素,通过该组织的所有成员民主确定。同时,要关注以外嫁女为代表的特殊群体的成员身份界定问题,对她们的权益应切实予以保障,以防利益分配不公现象发生。

(二)强化农村集体资产股权的管理

农村集体产权改革的一大效果就是资产变股权,农民将拥有相应的持股比例。这就意味着在改革过程中,必须强化股权管理。现实生活中,已有多地(例如东莞)出台了本地的指导意见。从有利于减少纠纷发生的角度看,制定、出台统一与规范化的管理办法无疑是当务之急。如此一来,通过股权管理推进集体经济发展,这必然会提升农村公共资源的利用效率,增加农民收入,增进农村公共利益,为减少农村纠纷提供保障。

(三)构建集体建设用地的流转制度

集体经营性建设用地入市是党和国家的既定方针、政策,是此次改革试点的主要内容之一,它同样与农民权益联系密切。从激活农村经济活力、维持农村和谐与稳定看,这是必要的举措。农村进行改革的目标之一是推进建设用地的流转,扩大农民权益。然而,该目标的实现却面临着法律制度层面的障碍。例如,宪法第十条对国有与集体土地的分类规定:"城市的土地属于国家所有。农村和城市郊区的土地,除由法律规定属于国家所有的以外,属于集体所有;宅基地和自留地、自留山,也属于集体所有。"因此,为顺利实现"同等入市",理应在消化吸收改革试点经验的基础上提供相应的法治保障。本书认为,重中之重是修订法律中不利于集体建设用地使用权流转的规定。在法律法规修订、制定之前,应当加紧制定相应的土地流转管理办法,达到规范流转交易和管理行为,进而实现流转有序进行的目的。

(四)利用集体建设用地建设租赁住房

我国允许村镇集体经济组织采取自主开发或与其他组织联营、入股的方式,来建设并运营集体租赁住房。这种模式能够平衡各方的利益,明确各方的权利和义务,以及项目收益和征地成本的关系。部分地区利用集体建设用地建设租赁住房是我国土地制度的一项重大改革,预示着土地改革的巨大潜力,同时也意味着大量低成本土地的入市,从而可能带来大量低成本的房屋,这对于抑制高房价、高租金具有积极的作用。

三、完善农村土地征收制度

如果说落实农村土地登记具有明确权属的法律效果,那么完善土地征收制度则解决的是直接涉及农民利益且容易产生农村纠纷的现实问题。应该说,土地征收制度改革是近期中央在大力推进农村土地改革试点的主要内容,它经过实践证明是可行的,有望成为帮助农民分享更多财产红利、提高农村财产收益的制度支撑。然而,在现实的征收过程中,农民很多时候并没有得到应有的利益,加上相关征收补偿标准不高、失地农民保障不足,使得农村土地征收纠纷频发。针对土地征收带来的种种问题,应通过完善农村土地征收法律制度的方式,达到从制度上防范化解此类纠纷的目的。其中,严格界定征收范围与补偿标准是核心举措。

(一)严格界定征收范围

关于征收范围,应当在现有的法律体系(主要是《中华人民共和国宪法》《中华人民共和国土地管理法》《中华人民共和国农村土地承包法》等)中明确"公益性"征地和"营利性"征地两类性质不一的具体范围和征收途径,即把征地目的严格限定成为增进公共利益,并且以列举的方式加以说明,以防因法条的模糊性带来新的问题。

(二)严格界定征收补偿标准

关于补偿标准,部分地区政府应当采取市场经济规律和价值标准相结合的方式定价,并将其写入具体的土地征收操作规范正式文件中。因为,征收土地的补偿以市场价格为标准,是市场条件下等价交换规则的基本要求。当然,该补偿改革并非单纯提高补偿标准,尤为关键的是应该健全相关的补偿机制,使补偿机制有可持续性的运行和保障体系支撑,这对失地农民来说显得更为重要。

(三)慎重对待宅基地的征收

宅基地使用权是法律明文规定的一项用益物权,具有私人财产权的性质,它也属于农村土地征收的潜在对象,且它的征收较之于其他征收特殊性更强。例如,除了同样需要限定征收范围以及合理确定补偿标准外,该征收还需对地上附着物(主要是房屋拆迁)进行补偿。目前,有的地方推行以宅基地换房的措施,农民虽住上了新楼房,却未获得应有的补偿。对此,首先,在房屋拆迁过程中,被拆迁房屋农民的安置补偿范围需涵盖房屋的自身价值、安置补助、其他经济损失等。其次,由于程序公正方能保证实体公正,因而补偿程序的正当性也是需要关注的内容。这就应该赋予当事人尤其是农民相关参与权、救济权等,因此从保障被征收人的参与权利出发,在整个过程的核心环节(如立项、规划等),应积极建立健全听证制度。最后,应逐渐改变农民宅基地流转严格受限的传统做法。例如,2015 年,我国多个县市经授权开展了宅基地制度改革试点任务,允许突破当前法律规定,农民可利用宅基地进行贷款抵押以及有偿退出等。未来应当开展相关法律的修改工作,为增加农民的土地资源收益提供便利,以实现农村土地资源的依法治理。

四、积极推进农村环境治理

农村环境资源保护不到位的现状,决定了加强农村环境保护法治建设的必要性。在农村环境保护的法治建设上,既要抓法律制度建设,做好农村环境保护的顶层设计,建立健全农村环境保护的相关法律制度,也要多措并举,提升农村环境保护的主体(村民)的环保意识,从而促进农村基层治理法治化,建设美丽乡村。

(一)完善农村环境保护法律制度

在农村法治建设和美丽乡村建设过程中,农村环境保护法律制度的完善是推进农村环境保护法治建设的基本要求。目前,主要从实施和完善我国现有环境保护法律制度以及建立和完善农村环保法律体系两个方面展开。我国现有的环境保护法律制度以环境保护基本法为核心,涵盖了全国范围内的环境保护问题,包括农村地区。2014年修订的《中华人民共和国环境保护法》针对农村环境保护问题进行了专门规定。例如,《中华人民共和国环境保护法》第三十三条规定了政府对农业环境的保护责任,促进农业环境保护新技术的使用,推动农村环境综合整治。第四十九条规定了政府及相关部门在指导农业生产经营者科学种植和养殖方面的职责。第五十条规定了政府在财政预算中安排资金,支持农村饮用水水源地保护、生活污水和其他废弃物处理、畜禽养殖和屠宰污染防治、土壤污染防治和农村工矿污染治理等环境保护工作。因此,各省市应充分发挥《中华人民共和国环境保护法》在治理农村环境污染问题中的重要作用,完善关于农村基层治理中农村环境污染问题的规定。

农村环保专项立法空白是当前我国环保法律制度的现状,为此,将农村环保从整个环保法中独立出来,进而建立健全农村环保法律体系是解决农村日益复杂的环境污染问题的应然之举。具体说来,在国家层面出台一部专门调整农村环境保护事务的"农村环保法",以解决前述农村环保法律缺失的问题。"农村环保法"必须明确政府在环境保护中应发挥的职能以及农民在环境保护中的义务;同时,将国家环保基本法中不能解决实际问题的条款进行修订,制定合理的环境标准,完善农村环境标准体系,如增加制定关于农业植物品种保护的法律,关于对土壤污染、化肥农药的污染以及禽畜污染的防治保护标准。此外,各省市的立法主体应依据自身职权制定更具针对性、操作性的地方性法规、政府规章等,为本地区农村环保问题"开药方"。以设区的市的人大及其常委会、人民政府为代表的地方立法主体,应在深入调研本地区农村环保实情的基础上,依据法律授权就环境保护问题制定符合本地区实际的地方性法规、政府规章,为推进农村环保提供强有力的法律支撑。这样既保证了农村在环境保护法律制度设计上与位阶最高的法律在原则上形成高度的统一,又合理区分了各农村区域发展不平衡、环境污染程度和方式不一所导致的治理模式与治理结构上的不同情况。需要注意的是,在制定地方性法规、政府规章的过程中,要贯彻"宜细不宜粗"的立法理念,做到能够直接依据法规解决农村环保中的各类问题,以更好地服务于农村环境保护法治实践。

(二)提高村民环境保护的法律意识

法律意识是人们对于法(特别是现行法)和有关法律现象的观点和态度的总称,它表现为探索法律现象的各种学说,对现行法律的评价和解释,人们的法律动机(法律要求),对自己权利和义务的认识(法律感),对法律制度的了解、掌握、运用的程度(法律知识)以及对行为是否合法的评价等。农村环保法治实践,既需要较为完善的环保法律制度做支撑,又离不开村民的积极参与。广大村民的不良行为诱发了农村环境问题的产生,村民反过来又成为最终的受害者。由于村民的行为深受习惯和传统的影响,因而与城市环境治理相比,农村环境的难以监管特性更为明显,这就意味着农村环境保护离不开村民相当程度的认同与自愿。就此而言,提高村民的环境保护法律意识是今后依法治理农村环境问题的重要措施。

一方面,应加强村民普法教育及环保宣传。在保护农村环境中,村民是最广泛的主体,因此,假若村民接受过到位的普法教育及环保宣传,广大群众认识到保护生态环境的重要性及其相关权利义务,那么就有利于激发村民自觉保护农村生态环境的积极性。基层政府及其职能部门要树立农村生态环境保护与经济发展同等重要的可持续发展理念。在处理环境污染问题时,务必倾听村民的意见,通过多种方式与他们进行交流,找到农村经济发展和环境保护的平衡点。各省市在开展普法教育和环保宣传时,应使用合适的方法,例如利用电视、广播、报纸等传统媒体,普及环保和法律知识。通过以农村环境污染事件为例,运用图片和实地指导等方法,可以更好地教育村民如何防范污染。另一方面,应引入村民参与农村环境保护的利益机制,这无疑将激发村民参与环保的积极性。

综合而言,加强村民普法教育及环保宣传,引入村民参与农村环境保护的利益机制,分别从村民内在的心理认识与外部的利益刺激两方面,致力于提高村民的环境保护法律意识,进而实现依法治理农村环境问题,推进农村基层治理法治化,建设美丽乡村。

第三节 保障农村基层治理的公共服务供给

针对农村公共服务纠纷的内容、特点,强化农村整体意义上的法治建设、完善法律服务体系,是实现善治的应然路径。农村基层法治建设是否到位,关系到消解农村纠纷效果的好坏。在纠纷爆发时,假如纠纷当事人都能具备较高的法律素养,同时存在相应的组织及法律支持力量,能发挥村规民约在化解纠纷中独特的作用,那么就可以在很大程度上及时、有效地处理纠纷。总的来看,在法治的框架下加强基层组织建设、充实法律支持力量及重构村规民约,有利于促进基层纠纷化解运行机制更加规范,有利于直面纠纷并依法、理性化解农村纠纷,进而使农民权益得以满足,保持农村社会和谐稳定。

一、加强农村自治组织的制度建设

《中华人民共和国民法典》(以下简称《民法典》)第九十六条对村委会做了规定,将其定性为一种特别法人:"本节规定的机关法人、农村集体经济组织法人、城镇农村的合作经济组织法人、基层群众性自治组织法人,为特别法人。"尽管如此,与实现农村基层善治的目标相比,仅赋予村委会特别法人的资格是不够的,因而应加强农村自治组织的制度建设。农村基层自治的制度建设,可以主要从完善村民自治制度、重构村规民约与推广村务契约化治理模式等方面开展工作。

(一)完善村民自治法律制度

村民自治法律制度的完善,离不开相关立法。客观地讲,当前的村民自治法规中仍然有着治理不彻底的问题,村民自治权的相关内容不清晰、"两委"不协调及"乡村"关系不协调等问题。这既与农村基层依法治理不相谐和,也不利于农村基层依法治理的深入推进。例如,村民自治权的性质、主体定位等不明确问题,容易使得该项权利缺乏宪法性依据,易导致农民权益受损而无法救济。因此,从解决具体问题着手,应完善村民自治法律制度。具体而言,就是要完善相关法律规定,出台专门的村民自治法规,理顺村"两委"之间、"乡村"之间的关系。

1. 出台《村民自治法》

应当看到,专门的村民自治法是保障村民彻底自治的法律基础。为此,各省有必要出台专门的"村民自治法",以解决村民自治不彻底的问题,从而满足村民自治实践的需要,促进农村经济社会发展。

一是将村民自治权定位为宪法性权利,明确它的宪法权利性质。《中华人民共和国宪法》可以通过修正案的方式将村民自治权明确为公民的一项宪法性权利。此外,由于村民自治权在权利属性上主要是一种私权利,因此将其置于《中华人民共和国宪法》"公民的基本权利和义务"一章中更加合适。如此一来,村民自治权的性质得以明确,将为制定"村民自治法"提供强有力的宪法依据。

二是规范村民自治的概念、主体、程序等内容。各省市现行法律并未对村民自治的概念、主体等做出明确的规定。有学者指出,村民自治是指在法治运转模式下,村民通过村民会议决定村内重大事务,制定村规民约,由村民选举产生的村民委员会具体负责贯彻、执行村民会议决定,管理村内事务,以村民自治权为核心的基层民主形式、社会自治制度。据此,"村民自治法"应弥补当前有关法律制度的不足之处,明确村民自治的主体既包括村委会,也涵盖村民个体,同时应明确村民自治程序。

三是明确救济制度。理应作为公民的一项宪法性权利的村民自治权,现实生活中却时常遭到不同程度的侵害,而我国当前法律中关于该权利救济的制度安排几乎是空白的,致使该权利得不到应有的保障。例如,在面对违反民主选举的行为时,往往无法从法律上对违法者处以相应的惩罚。从良法的要求来看,当法律赋予公民一项权利时,就应当设定相应的救济途径来确保公民权利在遭遇非法侵害时能够得到及时有效的补偿。因此,针对这一现实情况,应以法条的形式明确相关的救济方式,否则,将无法保障村民自治权。

2. 和谐村"两委"关系

村"两委"关系是否和谐,直接影响农村依法自治的效率。以下就如何构筑和谐的村"两委"关系提出相应的解决之道。

一是明确村"两委"之间的职权范围,坚持村党组织领导下的村委会自治。在村民自治过程中,主要问题在于《中华人民共和国村民委员会组织法》对村党组织和村委会职权范围的模糊规定,导致"两委"关系不协调。为了改善这种情况,未来的修订应明确各自的职责范围。一方面,村党组织的领导地位需要《中华人民共和国村民委员会组织法》的确认和保障。村委会应自觉接受村党组织的领导,确保村民自治的正确方向。另一方面,村委会的自治职能也应得到保障。村党组织不应干涉具体的村务工作,也不应限制村委会的作用发挥和村民自治权。村党组织在村民自治过程中的领导主要体现在政治、组织和思想方面,而非干涉村委会管理具体事务。其工作重点应在于指导村委会的建设与协调各自治组织之间的关系。同时,村委会应服从党的领导,加强与村党组织的沟通和交流,实现互相配合和通力协作。在处理村具体经济事务和其他公共事务时,村委会应注重召集村民会议,提高村务工作的参与度和透明度。这样的做法有助于实现村民自治,促进村党组织与村委会之间的和谐关系,共同为村民提供更好的服务。

二是加强村"两委"能力建设。由于村务公开离不开村"两委"的积极推动,因此要加强"两委"班子建设,增强其自觉依靠法治的意识。村"两委"上连政府下接群众,是开展农村基层治理的领导核心,要通过有效的选举,把一批法律意识高、工作能力强、农民信得过的人选纳入党支部和村委会集体。一方面,应完善农村基层治理的规章制度,加强农村基层治理骨干的法律思维与方式的培训教育,增强法律意识,把农村社会稳定工作与当前农村各类纠纷联系起来,增强依法解决农村纠纷的能力;应完善行政问责制,例如引咎辞职、罢免等,保障对基层干部的监督切实有效。另一方面,应提高"两委"干部素质。对村党组织而言,应提高自身的领导水平、改善领导方式,强化执政能力建设,加强对村委会的监督。村党支部书记应带头提升自身综合素质,不干预村具体的事务性工作,如此才能发挥领导核心作用,同时亦将大幅提升自身在群众中的形象。对村委会而言,应切实管理好具体村务,村委会主任及其他成员要不断提高自身的素质,提高依法办事的意识和民主自治的能力,牢固树立坚持在党的领导下工作的思想,提高在党的领导下开展村民自治的政治觉悟。乡镇党委要组织村委会主任、党支部书记集中培训,使他们对村民自治以及"两委"关系形成正确认识,教会村干部在实践中正确认识、把握和处理"两委"关系,从而有效地避免实际工作中的不协调。总之,由于我国农村"两委"干部素质总体不高是个不争的事实,因而既要注重加强业务素质和政治素质培训,也应把好"两委"干部的选任关,为村民自治选出合格干部。这样,可以在较大程度上缓解"两委"的矛盾,使"两委"关系走上良性发展的道路。

3. 和谐"乡村"关系

乡镇政府和村委会之间的关系是指导与协助,这是一种相互关联、互动的过程。乡镇政府需要依法履行对村委会的指导职责,确保村委会在村民自治过程中能够有效地协助乡镇政府开展工作。这样的互动对于农村社会的全面发展至关重要。在这个过程中,乡镇政府和村委会都要遵守法律规定,共同推动农村社会的进步。

一是明确"乡村"各自的职权范围。如前所述,按照《中华人民共和国村民委员会组织法》的规定,乡镇政府与村委会的关系并不是上下级的行政隶属关系,基层政府不得干预村委会对村务的自我管理。由于该规定过于粗线条,导致现实中二者关系不够和谐,因此必须从制度层面将二者的职权范围界定清楚。可以采取国家与地方共同立法的方式,以达到明晰乡镇政府与村委会职权范围的目的。一方面,通过完善各省市地方法律制度,尽可能从整体上对"乡村"各自的职权范围做出更为细致的规定,方便各地适用相关法律。另一方面,各设区的市权力机关、行政机关依据《中华人民共和国立法法》第七十二条、八十二条等条款的授权,在不与上位法冲突的前提下,对乡镇政府与村委会的职权范围做出明确具体、可操作性强的规定。如此一来,既有助于解决"乡村"职权无法可依的问题,也有利于构建起体系更加完备、针对性更强的法律制度。特别需要注意的是,在立法时要增加相应的问责条款,使其成为一柄"达摩克利斯之剑",敦促二者履行各自职责,以防止前文所述村委会"乡政"与"过度自治化"的两种不良村治倾向,保证村民自治的有效性。

二是转变政府职能。"小政府、大社会"的治理模式要求政府在社会治理过程中充分发挥社会的作用。具体到村民自治中,政府就应由过去的过多干预向尊重、指导村委会转变。一方面,为了有效地进行自我管理,村委会在自治过程中必然会遇到一些需要乡镇政府加以指导的事务,但是这种指导并不是将村委会看作下属机构而下达的行政命令,而是在尊重村委会自治权的基础上,对村委会独立开展群众自治工作进行指导。另一方面,村委会应加强自身建设,积极履行协助乡镇政府工作的义务。村委会在依法行使自治权的过程中,要积极协助乡镇政府开展工作,向村民传达并保障落实相关方针政策。这就对村委会自身能力提出了要求,广大村民及村委会干部应学会如何行使公民权利,为乡镇政府开展工作提供支持。

综上所述,在推进农村法治建设的进程中,需要理顺"乡村"关系,假若"乡村"关系持续不和谐甚至矛盾尖锐,就不可能真正实现村民自治,进而导致包括农村法治建设在内的各项变革都将难以有效推进。当然,需要认识到的是,完善村民自治法律制度是契合农村法治建设要求的渐进的过程,需要付出巨大的努力,而不可能一蹴而就。

(二)重构村规民约

《民法典》第十条规定:"处理民事纠纷,应当依照法律;法律没有规定的,可以适用习惯,但是不得违背公序良俗。"可见,习惯只要不违背公序良俗,就可在法律规定缺失的情况下,发挥化解纠纷的作用。因而,以习惯、风俗等为主要内容的村规民约在处理民间纠纷中具有重要意义。因此,在推进农村基层依法治理过程中,应该关注村规民约的重要意义。简单说来,村规民约就是指在农村及农民间都需遵循的行为规范,它在规范农民行为,保护和利用农村公共资源,化解农村纠纷,保障农民权益及农村稳定等方面有着重要的作用。

《民法典》对村规民约的间接肯定,表明了村规民约是我国村民自治及治理公共事务的一大方式。然而,以往的村规民约客观上还有一些与正式法律冲突之处。因此,意欲充分体现村规民约在推进农村基层依法治理中的重大作用,就有必要重构村规民约,使其与国家法律及农村发展变化的实际更加匹配,以夯实农村基层依法治理的制度基础。毫无疑问,它的重构最关键的就是要处理好与国家法律之间的关系,即尽量避免与国家法律之间相冲突。应该说,在农村基层依法治理视域下,它们处于一种在自身领域互不干涉,共同积极地推进农村整体建设的状态中。但是,村规民约必须主动调整自身的内容,以符合现代法治精神。此外,还应确立村规民约的"效力"。正如法律不能缺少归责内容一样,村规民约也应具备一定的"效力",即有权对某些明显违背村约内容的行为做出处罚,但村民的违法犯罪行为除外。

（三）推廣村務契約化治理模式

這種模式遵循特定程序,通過合同、協議、紀要等手段,明確村組織、村幹部和農民之間的關係以及村級事務的詳細內容,以此制定出公開透明、權責清晰、執行有序、運作規範的長效治理制度。這一模式把村級公共事務和各方的權利義務確定下來,讓契合法治精神的契約理念在治理方式創新中得到應用,為農村基層的依法治理提供了公正的平台。然而,這個模式也存在一些問題,需要進一步改進和完善。首先,契約化治理模式在實際操作中可能會遇到契約不完善或者執行不力的現象。這可能是由於契約本身的不完善,或者是由於契約執行過程中出現的問題。為了解決這個問題,我們需要不斷完善契約的內容和形式,提高契約的可操作性和可執行性。其次,契約化治理模式可能會導致權力過於分散,影響村級治理的效率。為了解決這個問題,我們需要加強對村級權力的監督和管理,確保村級權力的有效運行。再次,契約化治理模式可能會導致村級治理的公正性受到影響。在契約化治理模式下,村級治理的公正性主要依賴於契約的公正性和執行的公正性。如果契約本身不公正,或者執行過程中出現不公正現象,都會影響村級治理的公正性。為了解決這個問題,我們需要加強對契約和執行過程的監督,確保村級治理的公正性。此外,契約化治理模式還需要考慮農民的文化水平和法律意識。在實際操作中,農民的文化水平和法律意識是影響契約化治理效果的重要因素。如果農民的文化水平和法律意識較低,可能會導致他們無法理解和遵守契約,從而影響契約化治理的效果。為了解決這個問題,我們需要加強農民的法律教育和培訓,提高他們的法律意識和文化水平。

1. 規範契約文本

實踐中,限於各方面的條件,當事方所簽的契約文本存在內容和程序混亂,甚至違反大政方針等不規範的問題。為此,應規範契約文本,做到在內容上與國家法律制度及政策相一致。例如,就農村公共土地資源而言,可邀請相關專業人員參與到擬定契約的過程中來,使契約文本的各項條款符合相關規定,以防日後出現糾紛或日後便於解紛。

2. 完善村務公開制度

農村基層治理的對象是公共事務,村務契約化針對的也是公共事務。可以肯定,村務公開是一種強化監督的方式,有助於村務的契約化治理。為此,村"两委"要进一步完善公开的内容、程序、机制,实行村务党务财务上墙公开、群众例会公开,使村务公开成为常态。尤其是在提供公共服务、利用公共资源和新农村建设中,多种优惠措施与支农拨款、来自各界的扶持资金与相关项目等事项,应实时置于村务公开的范围之中,以达到农村公共事务的治理。

3. 提升农民参与能力

村务契约化治理模式不是农村精英的"独奏",而是农民的"合唱",要让更多的农民知晓并切实参与进来。应当注意的是,限于自身参与能力的不足,很多农民并不热衷参与该模式。因此,村务契约化治理模式的推广,必须提高农民的参与能力。例如,在对该模式积极宣传的基础上,应有针对性地进行各种增强农民参与能力和技能的教育,制定相关培训制度。这样不仅能加深农民对该模式的理解,而且有助于提高农民参与村务契约化治理的素质和能力,便于对各类公共事务的有效治理。

4. 建立村务监督委员会

根据权力分立与制衡的基本原理,村民自治组织机构中权力、执行和监督机构应该分化,可考虑设置:权力机构——村民大会(村民代表大会);执行机构——村民委员会;监督机构——村务监督委员会。建立村务监督委员会,是健全基层民主管理机制的探索性实践,对于从源头上遏制村民群众身边的不正之风和腐败问题、促进农村和谐稳定具有重要作用。今后要不断总结经验,完善制度设计,进一步规范监督主体、内容、权限和程序,完善村党组织领导的村民自治机制,切实保障村民群众合法权益和村集体利益,提升乡村治理水平。

二、提高农村民间组织的服务能力

根据现行法律规定,村委会是唯一的组织载体,这限制了村民自主选择自治模式的能力。为了提高自治效率和灵活性,我们应在不放弃村委会作为基本载体的前提下,允许农民认可的民间组织以非基本载体的形式存在。在宪法层面,我们应明确村委会作为主要的基层群众性自治组织,以实现村民自治的多元化。而《村民自治法》则应进一步对这类组织的设立、权利、义务和责任等方面做出详细规定,确保其合法性。随着经济社会的快速发展,农村地区出现了越来越多的民间组织,如公益性的理事会、社团等。这些组织不仅有利于推动农民合作、促进农民增收致富,还对农村基层治理产生了深远影响。然而,当前民间组织面临着法律法规不完善、政府管理过严以及自身发展能力不足等问题。为了彰显农民个体价值并维护农村社会稳定,我们应重视发展基层治理法治化的第三种力量——民间组织。通过运用法治思维和方式来化解纠纷,有助于进一步提升农村民间组织的服务能力。

推动民间组织参与农村基层治理,完善法律法规是基础,发挥服务功能是重点,加强引导扶持是关键。法治建设是保证农村民间组织发展的重要前提。针对当前法律对民间组织登记注册规定不合理、受全国统一管理制度制约等问题,因而应当着力完善以下几个方面的法律制度:一是制定专门针对农村民间组织的相对独立的法律规范,建立起有别于城市的农村民间组织法律规范体系。二是要改变管理体制,降低准入门槛(例如参考银行业,设立民间组织监管委员会,简称"民监会"),以激发农村民间组织的活力。三是着重发挥民间组织的服务功能。农村民间组织应充分利用其服务成本低、效率高的优点,通过个性化供给的方式,提高其服务农村与农民生产、生活的能力,提高参与农村基层治理的水平。四是基层政府应加大引导与扶持力度。现实中民间组织遇到的种种问题(例如资金与实践操作能力不足等问题),政府理应采取转变服务理念、财政经费适当倾斜、加强指导工作等措施,通过政府购买服务的方式来促进农村民间组织的发展和完善。

此外,应着力建设沟通平台,助推民间组织规范发展,发挥民间组织在纠纷调处中的重要作用。同时积极调动农村精英参与农村基层治理的积极性,以促进纠纷的消解。例如,农民通过推选代表(以知识分子为代表的农村精英担任理事长,其他成员皆为村里德高望重之人)以及制定运行章程的方式,成立全新组织——理事会,以达到加强监督村干部,甚至确保公共物品、资源与服务供应的积极效果。作为基层民间组织的一种,具有阳光、透明运行机制特质的理事会可在治理农村公共事务、协调各方纠纷主体关系等方面发挥独一无二的作用。再如,为防范农村公共服务纠纷的发生,可以在各行政村设立党政公共服务站,以更好地满足农村的实际需要。总之,采取增强政策扶持力度、强化政府引导发展服务,壮大农村民间组织,吸引农民积极参与村务治理,为农村的发展增添新的动力和活力,促进农村民间组织与村级组织和基层政府的有效交流,以更好地实现农村善治。

三、完善农村法律服务的体系建设

农村公共法律服务是农村公共服务的重要组成部分,对农村法治化进程有着重要影响,甚至关系依法治国的推进。然而,我国农村公共法律服务体系还存在诸多不足,比如农村司法服务机构的设置不完善,提供服务的人员数量不足且素质不高,审判和行政机关的支持力度不够等问题。这种现状导致农村司法和法律服务的供给明显跟不上农村纠纷的频发趋势,一定程度上致使农村基层的社会纠纷更加复杂化,对采用非理性方式解决社会纠纷起到了推动作用。因此,加强和完善农村司法机构和法律服务体系,是有效解决农村基层社会纠纷的关键选择。

(一)完善农村法律机构设置

农村法律服务是否到位,在很大程度上取决于相关法律机构是否健全,例如人民法庭、派出所、司法所等。因此,在基层相关党政机关的协调下,尝试将农村司法机构与村民自治组织联系起来,通过发挥基层司法机构在处理纠纷时的优势,实现基层司法的行政职能向村自治组织下移。目前,多地将此定位为本地的工作要点,积极开展这一工作并取得了良好效果。例如,在村委会设立法律服务站的方式,使得司法的行政职能直接延伸到最基层,这样既便于将法律服务送到人们面前,就近、便捷地满足群众即时的法律服务需要,又有利于实现"纠纷不出村",促进平安农村建设。此外,还可以通过放宽条件的方式,在农村地区组建个人律师事务所,同时,引导城市里的律师事务所以多种形式为农村提供优质法律服务。这样一来,有利于构建起集法治宣传、调解及法律维权等于一体的农村综合法律服务体系。

(二)加强农村公共法律服务队伍建设

有效的农村公共法律服务,除了必须具备法律服务机构外,还离不开高素质的法律队伍。随着时间的推移,各省市农村法律服务暴露出了人员素质有待提高等问题。因此,应由政府主导,利用市场与社会资源,吸纳专家、志愿者甚至高校法学专业学生组成综合法律专业队伍,实现农村公共法律服务供给主体多元化,从而构建起由多种主体组成的层次分明的公共法律服务队伍。例如,维持一支稳定的法律服务队伍,着力促成律师、法律工作者等法律服务人员主动加入农村公共法律服务中,对于积极参与农村公共法律服务体系建设的机构和个人给予表彰,充分调动其积极性。此外,积极成立会员制的法律服务志愿者协会,会员通过参与公开的竞争方式进入,它涵盖大学生村官及其他热心公益服务事业、有法律服务能力的志愿者,使得服务主体多元化。还可以加强农村执法队伍建设,探索设立专门的纠纷调解员和治安队,同时大力开展村民互保和治安巡逻防范,对潜在的违法犯罪主体形成较强的威慑,维护农民的人身财产权益,从而尽量地避免发生各类权益纠纷。

(三)整合资源,完善农村法律援助制度

它是一种致力于维护社会公正与和谐的救济制度,能够最大限度地保护农村弱势群体的利益,对促进农村纠纷的化解具有重要的意义。该制度的完善,应贯彻向农村与农民倾斜的方针,基层政府应强化相关财政支持,实现专款专用,并简化程序,以提高办案效率;推进基层司法所发展,使其成为开展相应法律援助工作的重要帮手;在基层政府牵头协调下,组建由基层公安、司法、律师等兼职组成的义务支援团,推动法律援助常态化,引导农民树立自觉运用法律维权的意识。

第四节　完善农村基层治理的多元解纷机制

法治的核心是程序之治,程序法治为保障实体权利提供了助力。农村纠纷调解化解机制是一种多元化的解纷机制,其核心是注重协调化、立体化建设。基于农村社会纠纷不断显现且体现出日趋尖锐化、复杂化的特点,而既有的农村社会纠纷消解机制无论在理念上还是在实践上都存在着诸多困境的现实,必须致力于完善农村纠纷多元化解机制,而不应重复过去那种"先纠纷、后化解""先冲突、后治理"的后发维稳机制。综合而言,程序法治可以通过保障公民实体权益、维持利益均衡,消解各种纠纷,进而建设和谐、法治农村。倘若没有一套稳定的、具有普遍约束力的、不以领导人意志为转移的机制,那么前述农村社会纠纷将难以得到较为彻底的协调、处理,甚至会引发新的纠纷出现。

当前,保持农村和谐的内在生命力就体现为构建起良好的平衡农村利益与消解农村社会纠纷的机制。应该说,建立并完善这一机制对于维护农民权益,加强和改进农村基层治理,促进社会和谐稳定具有重大意义。因此,针对如今农村纠纷激增的实际,应努力寻求消除各种纠纷的途径与措施,完善多元调处制度,积极推动各方党政机关与组织发挥重要作用,综合运用多种手段和

方法,将农村纠纷化解置于有序的机制中。从理念及实践的角度看,这一机制应该体现为以保障、增进农民权益为核心,以发挥农村党政机关引领作用、完善农村多元便民调解机制与农村土地纠纷仲裁制度、建立农村便民诉讼联系机制及建构农村纠纷行政化解机制等为内容,以独立的司法制度为最终救济手段,以"以人为本"为终极价值追求的法治理念与制度。

一、发挥农村党政机关引领作用

推进农村基层法治建设是完善党的基本执政方式的体现,是"法治中国"建设的重要内容。全面推进依法治国,必须"要推动顶层设计和基层探索良性互动、有机结合",这既表明顶层设计在推进依法治国中的重要性,也宣示了基层的"先行先试"对"法治中国"建设的重要作用。

(一)坚持党的领导

党的基层组织是团结带领群众贯彻党的理论和路线方针政策、落实党的任务的战斗堡垒,要健全党的基层组织体系,加强基层党组织带头人队伍建设。在农村基层治理法治化场域中,完善党的领导直接体现为加强农村法治型党组织建设、提高党员干部的法治素养,表现为组织建设与队伍建设。农村基层党组织不仅是推进农村基层依法治理的领导者、实践者和示范者,是贯彻落实党关于法治的路线方针政策的战斗堡垒,更是党转变执政思维和执政方式,实现依法执政和提高执政水平的基层承担者。只有将农村基层党组织打造成法治型党组织,才能切实提高农村基层依法治理的水平。同时,农村基层党员干部的法治素养直接关系着基层党组织领导农村依法治理的质量、效率、水平,是全面推进依法治国的决定性因素。

1. 建设农村基层法治型党组织

既然要在农村实现依法治理,那么作为推进农村基层依法治理的领导者、示范者的农村基层党组织,自然而然地也应严于律己——向法治型党组织靠拢。应当看到,加强法治型基层党组织建设与推进基层治理法治化具有紧密联系和不可分割的辩证关系。这一辩证关系表现为:大力推进农村基层法治型党组织的建设是推进基层治理法治化的重要前提和根本保障,而推进基层治理法治化的过程,就是加强法治型党组织建设的过程。所谓法治型党组织,就是以法治为导向,严格遵循依法执政、自觉维护宪法法律权威和捍卫宪法法律尊严、在宪法和法律以及党章和党纪范围内活动,具有强烈的法治意识和法治思维,具有完备规范的党内法规体系,严格依法全面从严治党和管理党员干部,以及依法保障党员和公民的各项合法权益,在法治政府、法治市场和法治社会一体化建设中不断提高依法办事能力的党组织。可以预见的是,倘若农村每一个基层党组织皆成为法治型党组织,那么在基层党组织的领导下,"纸面上的法"在基层就会更加方便地走向"行动中的法",从而为农村基层治理法治化提供根本保障。农村基层法治型党组织的建成,需要从农村的客观实际出发采取以下措施:

打造法治型党组织首先要强化法治思维,这是基础和前提。农村基层党组织,包括乡镇和村两级,只有建立了法治思维,才能在农村法治建设中更好地发挥领导和示范作用。推进农村基层依法治理,党组织需要起到带头守法的作用,自觉运用法律来约束和审视自身行为,提高运用法律解决问题的能力,增强保障村民权利、约束权力的意识。这样的党组织能更好地捍卫群众的根本利益。

优化工作机制是建设农村基层法治型党组织的必要条件。过去,我国法治建设的重心主要集中在城市和上级机关,这导致了农村地区在推进法治建设方面资源匮乏,影响了法治农村建设的进度,也影响了法治型党组织的建设。因此,我们需要建立重心下移、力量下沉的法治工作机制,以适应法治型党组织建设的需要。比如,在矛盾、纠纷多发区域设立法律服务中心,这样就能及时反馈村民民意,化解矛盾纠纷,开辟一条新的法治路径。这样的工作机制的建立和完善,将为法治型党组织建设提供持续的动力支持。

2. 提高党员干部的法治素养

如果说建设农村基层法治型党组织体现的是完善党领导农村基层依法治理的组织体系的话,那么提高党员干部的法治素养则是加强农村基层党组织人才队伍建设的表征了。完善党对依法治村的领导,既需要抓组织体系建设,也离不开党员干部自身法治素养的提高。只有组织体系建设到位,才能为完善党对依法治村的领导奠定组织、制度保障。党对依法治村的领导最终仍要具体化到每一名党员干部身上,这意味着党员干部是否具有较高的法治素养直接关系着党领导依法治村的成败。因此,在推进农村基层治理法治化进程中,作为带头人、实践者的农村基层党员干部务必提升法治素养。具体而言,为更好地发挥党员干部在推进农村基层依法治理中的示范带动作用,可以主要从以下几方面着手提高党员干部的法治素养：

一是领导干部带头践行法治。领导干部是推进依法治村的"关键少数"，倘若其真正践行法治，树立正确的权力观，就能对党组织乃至整个乡镇党政系统形成强大的示范效应，有助于促使依法治村落到实处。例如，每年组织乡镇级村党组织领导干部参加县级或市级领导干部法纪知识考试，并将成绩纳入专门档案与年度考核，以此作为评优、职位晋升的重要依据，使领导干部把法治素养真正内化于心、外化于行。

二是开展各类干部培训班（如党组织书记依法治乡专题培训与其他培训）、进行定期法律知识考试与实践操作技能测试。在通过考核的党员干部中选出部分同志，组成相应的"送法下乡团"，为村民提供优质法律服务，增强党员干部法律理论联系实际的能力。如此一来，党员干部的法治素养在不知不觉中得以提高，党领导依法治村的队伍建设得以加强。

三是为了加强农村基层依法治理，需要积极拓展法治型人才加入党组织的途径。增强党对农村基层法治建设的领导力，必须吸引各类优秀人才入党，特别是注重法治人才的培养和吸收。当优秀的法治型人才融入党组织后，他们将带动其他党员干部提高法治素养，从而提升整体队伍的素质。只有党员干部具备法治素养，才能在农村基层治理实践中符合法治要求，真正发挥领导作用。

（二）建设乡镇法治政府

党的十八大及其四中全会均对建设法治政府提出了要求，为今后法治政府的具体建设指明了方向。在现代社会，随着政府职能的不断扩张，法治更加注重对行政权力的控制，目的在于将行政权力控制在宪法和法律的范围内，以防止行政权力的滥用。"法治的意思就是指政府在一切行动中都受到事前规定并宣布的规则的约束。"总之，政府是社会治理众多主体中极其重要的一员，加强法治政府建设是当前"法治中国"建设的重中之重。乡镇政府作为直接面对群众的、与群众接触最多的行政机构，是厉行法治的重要场域，它是否讲法治及其法治化水平直接关系到群众的切身利益。在推进农村基层治理法治化中加强乡镇法治政府建设，就要求乡镇政府在法治的框架内发挥社会治理的职能，按照法治政府的要求推进各项工作，坚持依法行政、依法治理。政府权力失范是农村基层治理的一大现状，并因此在行政决策、行政执法、责任监督等方面暴露出诸多与法治政府相悖的问题。

乡镇法治政府的建设需要从多个方面进行,包括全面履行政府职能、完善依法决策机制、规范乡镇执法行为、构建健全的政府责任体系以及全面推进政务公开。首先,依法全面履行政府职能是构建法治政府的基础,一个无法履行基本职责的政府却自称"法治政府"是难以让人信服的。政府必须遵守"法定职责必须为、法无授权不可为"的原则,既不能逃避法定职责,也不能擅自超越法律授权。这体现了法治政府"得为"与"不得为"的双重要求。其次,乡镇政府应该全面、积极地履行职责,不能有所选择。现实中,依法全面履职一直是基层政府的一个薄弱环节,有些方面的政府履职不到位,如农村公共服务建设滞后;有些方面则过度干预,如侵犯村民自治权。因此,乡镇政府必须以生效的法律法规为准则,该放的放、该管的管,确保行政权力的合理运用。总之,乡镇法治政府的建设要求政府在履行职责时严格遵守法律规定,确保行政权力既不缺失,也不越界。

二、建立健全农村纠纷预警机制

乡镇政府在推进农村实现善治过程中,应当着力建立健全农村纠纷预警机制,以便及时了解农村社会中潜在的纠纷和冲突风险,尽早剔除不稳定因素,及时采取化解措施,将纠纷化解在萌芽状态。任何事物都有其产生、发展的规律,农村社会纠纷也不例外,纠纷的发生总是一点一滴积累的结果。因此,化解社会纠纷要及时掌握纠纷发生的源头,从纠纷发生的萌芽状态着手,避免因纠纷的进一步激化和大规模群体事件的发生而带来的化解难度的增加。这就对建立社会纠纷预警机制提出了现实要求。社会纠纷预警机制,是对社会运行状况发出信号,显示社会可能或即将发生纠纷或者无序状态,以引起社会管理部门的注意,并及时采取相应对策,防止纠纷发生或激化,使社会运行保持有序状态的一套制度和方法。从整体上看,农村基层政府在建立农村纠纷预警机制时应以尽早发现、及时化解农村纠纷为目标。主要说来就是要做到以下几点:

一是农村基层干部必须从思想上高度重视这一机制。现实中往往倾向于依靠人治等传统的方式,以解决村民的诉求。殊不知,长此以往将可能强化村民"走后门""找关系"等传统观念,最终反而加大未来处理类似纠纷的难度、成本。

二是建立科学的纠纷预警系统。该系统应当具备高水准、可操作性强等特征,这样才有利于做到在纠纷潜伏时期就能及时察觉、预告,使纠纷在萌芽状态就得到有效遏制。该系统主要包括指标体系、分级管理、信息收集和数据分析等内容。所谓指标体系,主要是指影响社会纠纷发生的主客观因素,重点做好涉及农村群众切身利益的征地拆迁、土地承包、涉法涉诉、弱势群体等问题的分析研判工作。所谓分级管理,是指在对指标体系进行科学分析的基础上对社会纠纷进行分级管理,将那些冲突程度明显、对社会稳定影响大的纠纷问题列为首要解决的问题,依此类推,以便及时准确地抓住主要纠纷分阶段分等级进行化解。所谓信息收集和数据分析,是指安排专门的机构和人员进行社会纠纷信息的收集和数据分析,收集的信息务必做到准确和及时;在此基础上对这些信息进行科学的分析和预测,以便尽早、及时化解纠纷。

三是建立健全重大事项稳定风险评估制度。按照党的十八届三中、四中全会精神要求,对关系人民群众切身利益、牵涉面广、易引发不稳定问题的公共事务进行决策时,要对该决策的合法性、合理性、可行性和可控性进行科学的评估和论证,并制定相应的措施以应对不稳定因素。重大事项稳定风险评估制度应当包括评估的原则、机构、程序和内容,应保证这一制度的常态化运行。

四是建立健全社会纠纷排查制度,以最大限度地减少消极因素,最大限度地调动积极因素,最大限度地把纠纷解决在萌芽状态,最大限度地减少对公民和社会的实质性伤害。农村基层政府要完善政府公共机制,加大政府在农村医疗、保险和农民工就业等方面公共政策的投入力度,从源头控制农村纠纷的产生。

三、完善农村多元便民调解机制

调解是借助说服教育的方式,在纠纷当事人中达成协议,进而化解纠纷的一类活动。为了高效地化解农村纠纷,需要加大力度进行多元调解体系建设。

第一,积极推动农村各类调解组织的发展。只有在存在较多调解组织的基础上,才能为发挥调解的重要作用奠定基础。目前来看,达成的调解协议的法律效力不强是一大制约因素。因此,针对达成的协议,可通过法院开展司法确认,赋予相应的强制执行力。

第二,完善农村多元化调解的规则制度。该纠纷化解机制应该涵盖程序与规范,但现实中基层司法机关与村委会等组织都确立了独特的调解制度规定。因此,面对类型持续变化的农村纠纷,需要加强实践经验的总结工作,补充并确定新的调解形式与规则制度,以满足纠纷化解的需要。

第三,根据每一个农村实际状况的不同,应该积极关注民间化解方式的可取之处,从而保持其和当今法治的整体谐和性。推动国家法治与民间纠纷化解方式的协调统一,发挥二者保持社会秩序的共同作用,有利于更加高效地化解农村纠纷。

第四,应积极采取和解方式来解决纠纷,以避免矛盾升级。对于和解方式的约束力问题,我们可以考虑将其结果以书面形式确定下来,以确保其法律效力。当纠纷再次发生时,基层政府或村委会应首先审查纠纷双方之前达成的和解协议,对其合法性和有效性进行判断,然后再决定是否强制执行。因此,形成书面的和解协议是非常重要的,这需要纠纷双方具有一定的法律素养。由于大部分农民缺乏法律专业知识,我们应更加努力地推进农村公共法律服务建设。法律援助的作用应仅限于提供法律便利,作为纠纷当事人的辅助者,而不应对纠纷的具体解决产生实质性的影响。无论采取何种方式,和解协议都应体现纠纷当事人的自由意志。

四、建立农村便民诉讼联系机制

法治是社会纠纷化解的最佳方式,也同样是消解农村各类纠纷的最佳方式。与具有解纷成本小、处理结果预见性强、稳定性与可操作性强等特点的法治方式相比,政策方式化解社会纠纷的效果比较差,容易造成"闹才能解决纠纷"的不良印象。为此,应该充分发挥司法诉讼作为法治的最后救济手段的作用。然而,由于农村大多数地区远离法院所在地,这就必然导致农民诉讼的不便。因此,为更好地解决纠纷,农村便民诉讼联系机制建设的必要性凸显。

(一)建立农村便民诉讼联系点

在农村建立便民诉讼联系点,对于解决农村因法院真空带来的起诉不便无疑具有重要意义。当然,该联系点的作用仅在于便民起诉(例如提交诉状),而不是代替法院审判。因此,在没有法院或派出法庭的广大农村可设置一个方便群众的联系点通过邀请本地威望较高的人出任联系人的方式,打造基本的便民诉讼网络。

（二）关注诉讼举证指导的技巧性

农民的文化素质不高、处理问题的能力不足是当前社会的一大客观现象。因此，针对这些纠纷当事人，相关工作人员就要有足够的耐心，通过通俗易懂的交流表达，持续地指导当事人举证。举证确有困难或不便由当事人举证的，可以通过审判人员调取证据。

（三）发扬"马锡五审判方式"

这一审判方式与农村具有很强的契合性，既解决了案件纠纷，维护农民权益，又不耽误农时。在农民院落或者田间地头开展审判，通过观看庭审的直观方式，并且用身边熟悉的人和发生在身边的事进行教育和感化，这种以案释法的效果会比其他普法宣传方式更好，有助于进一步增强农民的权利意识，推进农村基层依法治理，可谓一举多得。

（四）强化农村便民诉讼教育

开展专门的教育活动是强化农民运用法律进行救济的能力的需要。例如，举办"送法进屋""送法进校"等实践活动，设立有关诉讼知识的宣传栏，定期更新并派发载有审判流程、诉讼费收取标准、起诉及举证时效等内容的宣传资料。此外，在农村固定区域（如村委会）成立诉讼指导室，组织法官等专业人士坐班接待，解答农民的法律咨询，从而增强其诉讼能力。

五、完善农村土地纠纷仲裁制度

此前，有关在农村建立专门的仲裁机构的主张不绝于耳。有学者认为，成立专门的仲裁机构有益于土地承包纠纷的快捷化解，还可以将共性问题快速地反馈到决策层。2010年1月1日《中华人民共和国农村土地承包经营纠纷调解仲裁法》（以下简称《农村土地承包经营纠纷调解仲裁法》）正式施行，表明此类主张已得到了肯定。同时，也表明农村已初步建立起了土地纠纷仲裁制度。就此而言，应着力针对该法存在的不足，积极完善农村土地纠纷仲裁制度，实现土地纠纷化解更为便民化，维护农民权益。总的来说，完善措施主要有：

(一)仲裁机构的性质"去行政化"

《农村土地承包经营纠纷调解仲裁法》第十二条第二款规定:"农村土地承包仲裁委员会在当地人民政府指导下设立。设立农村土地承包仲裁委员会的,其日常工作由当地农村土地承包管理部门承担。"可见,在机构的设置上,该法做出了把仲裁机构和土地管理部门密切地绑定在了一起的规定。很明显,这与机构的设置宗旨不相谐和。农地纠纷仲裁机构要体现出独立性,为保障公正裁决就不能和行政机关存在密切的联系。因此,有必要在前述法条中增加"仲裁委独立于当地行政机关,并负责其日常工作"的有关规定,以保障其独立性、公正性。

(二)仲裁机构的设置便民化

按照现行法律的规定,各省(自治区、直辖市)仲裁机构的设置被限制在设区的市、不设区的市及县(市辖区),这就意味着在广大的农村地区存在机构真空。因此,《农村土地承包经营纠纷调解仲裁法》的设置与《中华人民共和国仲裁法》的内容不同。此外,由于农作物的生长与管理具有明显的时效性,假如纠纷耗时过久反倒容易耽搁农时。鉴于此,从便民的角度出发,对现行法律规定进行修订,将在农村地区采取派出仲裁庭的方式确立下来,既填补机构真空又更加贴近、方便群众。

(三)确立"仲裁终局"原则

这是被广泛确认的一项基本原则,有利于保障仲裁裁决的权威性,便于使仲裁的优势得到更充分的发挥。《农村土地承包经营纠纷调解仲裁法》第四十八条规定:"当事人不服仲裁裁决的,可以自收到裁决书之日起三十日内向人民法院起诉。逾期不起诉的,裁决书即发生法律效力。"这就表明在经过仲裁程序后,该案还可能进一步占用国家司法资源。因此,确立"仲裁终局"原则将为农地纠纷仲裁实行"或裁或审"制度提供保障和法理依据,树立农地纠纷仲裁的法律权威,从而发挥农地纠纷仲裁程序的分流作用。

六、建构农村纠纷行政化解机制

在农村纠纷解决方式多样化的背景下,我们应特别重视行政化解方式的重要作用。行政化解方式是指利用农村基层行政机关的优势,快速、合理地解决纠纷。通过这一方式,我们可以有效地化解纠纷,实现纠纷的分流处理,同时节约司法资源。现有法律对此有明确规定,例如《中华人民共和国农业法》《中华人民共和国土地管理法》《中华人民共和国水法》等都为行政机关依法化解农村纠纷提供了依据,使得纠纷解决更为便利,权利救济渠道更为多样化。也应看到现实生活中仍有大量纠纷未能被纳入具体法律范畴,缺乏明确的法律依据,导致这些纠纷久拖不决。学者们将这类难以通过法律途径解决的纠纷称为"法治剩余问题",其中包括"外嫁女"权益纠纷等问题。

以农村"外嫁女"为代表的法治剩余问题牵涉众多的因素,属于影响到整个基层治理的复杂纠纷,加之缺乏相应的法律规范,其他利益相关者也积极参与到利益分配过程中的博弈中来,从而加大纠纷处理的难度。法治剩余问题,既不能完全依靠法院诉讼方式,也不能大开信访渠道的"口子"。如果信访方式成为万能的救济方式,那么必将进一步固化民众"信访不信法"的心理。因此,各省行政机关在具体化解以"外嫁女"为代表的法治剩余纠纷时,正确的做法是把单个的纠纷置于基层社会治理视域中,把纠纷当事人的利益关系置于社会网络中处理,全面考虑纠纷之外的直接与间接因素,积极利用法与情等正式与非正式资源,最终将纠纷点平息并使基层社会重归和谐有序的状态。如果因社会条件的变化致使先前积极实现的社会相对和谐有序的状态被再次打破(例如新的征地拆迁项目出现),那么各地区政府应当针对出现的新纠纷再次启动社会纠纷化解机制。

各地区行政机关也应重视构建起消解农村纠纷的责任机制,以便能更好地促进农村基层治理。职权与职责是不可分割的,有权力就有责任,权责对等是法治的要义。现实中因排查调处不力致使纠纷激化的,要严格追究有关单位和人员的责任。对于因过错导致纠纷发生的,要采取双罚制度,追究公职人员和职能部门的责任并予以通报公示,要求责任者查找过错原因、进行整改和对过错后果予以补救补偿。构建责任追究制度时,要注意准确认定因果关系,避免因追责错位而对工作人员或职能部门造成不公平对待。具体而言,一是实现责任追究机制。具体的责任追究包括对纠纷当事人的责任追究和对化解主体的责任追究。实践中,要坚持对纠纷化解主体不作为的责任追究,落实"属地管理"等原则,把责任具体落实到纠纷处理的单位或个人,加大对纠纷调处的监督力度。另外,应选拔综合素质过硬的优秀人员从事行政执法工作,经常对相关工作人员进行法律知识培训,以适应新形势、新任务的需求。二是建立事后监督回访机制。纠纷化解工作要真正落到实处,必须有相应的监督机制。有些纠纷,特别是征地拆迁等引发的不安定事端,虽然暂时得到了化解与处置,但因种种缘由仍存在着"复发"的可能。因此,应该始终强化跟踪调查、预测等措施,及时反馈情况,巩固处理成果,消除纠纷隐患。这就要求做到定期回访双方当事人,了解农村纠纷的实际化解情况,减少纠纷的反复发生,促进纠纷的妥善解决。三是落实信息整理与反馈工作。各农村纠纷调处机构应经常对纠纷化解的工作经验和教训进行总结,对纠纷化解中所发现的问题和原因进行归纳总结,并将这些信息及时反馈给相关的机构或者个人,以便从宏观政策及制度规范层面及时进行完善和改进。这样一来,根据信息反馈情况,就能采取不同的纠纷预防措施,促进多元化解机制的良性循环与运转。

综上而言,农村社会纠纷消解法治化机制的完善是系统复杂的长期工程,需要国家、各级党委与政府、社会、普通公民等各个层面的努力,也需要从不同视角进行探索与尝试。全面依法治国为这一机制的完善创新提供了全新的视角与思路。就此而言,为推动农村基层治理法治化,我们要主动适应法治建设和依法治国的要求,积极吸取该机制运行的经验教训,努力完善好社会纠纷消解机制,全面、有效、及时地预防与化解农村社会纠纷,让法治思维和法治方式消解农村社会纠纷成为常态化的运行机制。

第五章　以有效的农村基层治理助力乡村振兴

第一节　打造农村基层治理新体系——三治合一

党和政府坚持不懈地为乡村的治理谋发展、找出路,终于探索出一条具有中国特色的乡村治理之路,即"三治合一"乡村治理体系。

夯实自治的基础,守好法治的底线,构建德治的支撑。加强基层组织建设,创新村干部工作方式;推动农村社区协商,提升村民自治效果;全面推进依法治村,维护农民切身利益;探索"以德治村"模式,强化精神文明建设,着力构建风清气正的乡村政治生态。

一、自治是前提与基础

村民自治的立足点是保障了村民当家做主的权利,一切都以村民的实际利益为考量,调动大家的民主热情和意识,把大家引入乡村治理的中心地带,让大家更积极地求发展、谋生存。

实现乡村的村民高度自治是法治和德治能够发挥强大效用的前提和基础,只有村民的民主意识得到提高,才能更加全面、广泛地接受法治和德治的渲染,敞开胸怀感受法治和道德的魅力。

(一)乡村地方色彩浓郁

我国的农村地域辽阔,人口众多,每个乡村都有其独特的地域特色和人文传统。要实现农村的有效治理,不能一蹴而就,而应逐步进行。我们需要引导村民解放思想,培养自我管理的能力和意识,让他们真正体会到自治的重要性,并从中获益。只有当村民的自治水平得到提高,他们才能更好地理解和接受法治和德治的理念,从而推动乡村的长远发展。

在村民自治的过程中,我们需要特别关注村民的"主人翁"意识,让他们明白乡村政务并非与他们无关,而是关系他们和家人的切身利益,是他们必须参与的责任和义务。同时,我们也不能忽视村民自治能力和水平的提升,应不断解放他们的思想,丰富他们的认识,全面提升他们的综合素质。这样,村民才能在乡村自治中更好地表达自己的声音,提出更多有建设性的意见和建议。

只有用自治首先打破乡村浓厚的地域保护壁垒,才能为法治和德治的顺畅推行提供前提和基础。

(二)提升法治的效力

若没有自治作为引路者,法治将很难落到实处,只有先实现自治了,才能让法治有用武之地,否则难以发挥其强大的效力。

法治站在一定的高度之上,具有强制性、普遍性等多种特点,是由国家统一制定的标准,对于常见的问题比较有效,但乡村中的情况比较复杂,各种问题盘根错节地连在一起,法律的调和难以发挥效用,只能解决一些表面上的现象,无法从根源处、实质上解决百姓的重点、难点问题。

而乡村自治是离乡间百姓比较近的基本政治制度,可以带动百姓的积极性,打开大家思想的大门,把各项知识和思想在乡村生活的一点一滴中灌输给乡村百姓,为法治的实现提供前提和基础,让法治的效力日益明显。而法治的推行也要全面考量好乡村的地方特色,在不违背法律规范的前提下,尽量保障好农民的正当权益。

(三)深化德治的作用

乡间百姓不是小孩子,不需要一板一眼地进行道德说教,也不接受长篇大论或华丽文字,他们只想要获得实实在在的益处,多少都无所谓。而乡村自治的过程中可以充分地带动乡村百姓的民主主体性,不断激发他们的民主意识,让他们想要发展、想要进步,想要成为更加优秀的个体,这个时候就会追求道德上的成长,给了德治以机会和舞台。

乡村自治为德治的发挥提供了前提和基础,我们要利用好这个基础,将优秀的道德理念和道德精神以浅显易懂的丰富多彩的形式传递给大家,让大家的一言一行逐渐顺应道德的要求,将道德准则内化为一种本性,不需要思考,不需要约束,可以自然而然地贴合。

二、法治是保障与界限

法治是社会公平正义的强大守护神,其作用无可替代。无论是乡村自治的实现,还是乡村德治的发展都得依靠法治的全面推行来作为保障和边界,没有强有力的法治就没有行之有效的德治和自治。

(一)法治给自治以保障

村民自治过程中会出现很多种声音,而且自治的程度越高,声音会愈加丰富,音量也会愈加宏大,若没有强有力的法治来干涉,为其提供保障,自治将很难顺畅地进行下去。

其一,法治是保证自治顺畅实施的手段,用固化的形式和规范化的程序来保障人们能够拥有平等、自由的权利参与到自治中;其二,法治既拥护多数人的意见和想法,也尊重少数人的不同声音,让所有人的心声都可以自如地表达;其三,法治是必须遵守的、没有情面可讲的,不会因为某个人或者某个机构的私人意志而转移,对基层组织的领导干部和所有村民都具有强劲、普遍的约束力,让自治能够公正地进行下去。

没有强有力的法治,就没有平稳高效运行的自治,法治为自治的完美实现提供了强大的法律武器,让乡村社会在法治的光辉下展现出勃勃生机。

(二)法治给德治划定边界

我国自古就是全球范围内有名的文明大国,有着丰厚的人文底蕴,每个乡村都有着自己的一套道德体系,虽然各个乡村的具体道德文化不一样,但大致都是相同的,都是为了让乡村更加美好而设定的,以村规民约、民风民俗、乡村建设、乡村故事、乡村名人等为传播载体影响着一代又一代乡村人的一言一行。

其一,法治可以调整道德规范不了的地方,用强劲有力的方式让道德形式具体、规范,使其更具效力;其二,法治可以克服乡村社会中的人情"陷阱",让感情牌无效,让德治的约束力和感化力更强;其三,法治有着系统化的流程,给德治提供详细的、具体的约束,规范人的不良思想和行为,让德治更加深入人心。

没有规范化、系统化的法治,也就没有深入人心的德治,只有不断用法律的强大动力来软化德治中的不足,才能让德治慢慢成长,在日后乡村治理之中发挥出更大的作用。

三、德治是支撑与引领

自古以来,我国一直是一个强调道德治理的社会,儒学作为封建正统思想学派,高度重视德治的作用。儒学家们主张,无论人的天性是善良还是恶劣,都可以通过道德教化,对他们的内心产生深远影响,使他们遵循礼仪和法律规定。

数千年的演变过程中,德治的内涵发生了本质性的变化。现今的德治致力于全球共同发展,为乡村自治和法治推进提供支持与引导,不再局限于统治阶级的道德工具。在现代社会,德治与法治相互补充,共同维护社会秩序和稳定,推动乡村发展。

(一)德治促进自治水平上升

德治对于人的影响是潜移默化的,可以影响到人们生活的方方面面,用深邃的道德理念,激发人内心深处的力量,让人成为真正意义上的人,能够放心大胆、无所畏惧地表达出真实的自我,在乡村自治中发挥价值。

其一,乡村浓厚的道德氛围为自治的推行构建了一个良好的自治环境,让各项自治制度能够更好地落地,不被广大乡民所抵触;其二,乡村中各项道德活动的开展,将良好的道德观念根植于乡村百姓的心间,让他们不断接受优秀、正面、积极的思想道德文化的熏陶,影响着他们的言行举止,极大地激发了他们对于生活的热情,给他们的民主自由精神以鼓舞。

在乡村道德建设日益强化的同时,广大乡村百姓的思想观念得到了空前的解放,大家对于民主自由的激情高涨,想要参与到乡村自治中来,更好地维护自治的权益,更好地促进乡村的发展,将自己的力量投入到乡村自治之中,长久下来,使乡村自治的水平得到稳步的提升。

(二)德治降低法治成本

道德可以于无形之中,用精神力量,让人主动弃械投降,不用诉诸法律机构,不用动用法律武器,大大地降低了法治的成本。

其一,德治可以让乡村之中的道德气息更加浓厚,大家的道德素质普遍提高,当面对利益冲突之争时可以顾全大局不为了小我的私利而影响到集体的长久发展;其二,德治可以不断强化村领导层的道德素养,提升他们的职业能力,让他们时刻以乡村百姓为重;其三,德治可以用优秀的道德观念感化人心,让人们变得平和下来,缓和村民的矛盾,让大家少起或者不起争端。

德治对于人的影响是深远的,也是一种成本较低的教化方式,可以利用思想上的高觉悟来化解很多冲突和矛盾,让村民的相处更加和谐融洽,尽量不因一些小事见诸法庭,从而减少法治运行的成本。

第二节　构筑农村基层治理新格局——多元共治

乡村治理新格局的构建,是时代发展的需要,也是乡村美好未来的必然要求。而这是个相当复杂、艰难的过程,仅仅凭借一己之力是无法完成的,需要激发所有主体的力量,大家一齐努力,才能攻克难题,早日实现"多元共治",让乡村的治理成效更加显著。

一、深化党的领导

纵观人类社会的发展历程,我们可以发现,但凡成功了的改良或者改革运动都具有一定的共性,成功必定不是偶然的,都得依靠严明的组织,都需要科学、合理、优秀的领导团队来指导。因此,我国的各项发展也应当如此,不断深化党的领导地位,让党带领着我国走上更加繁荣、富强之路。

广大乡村的各项发展,关键还是在党,只有坚持党的领导,乡村的发展才能走在正确的道路上,不断前进;只有充分发挥党的优势才能给乡村的发展带来活力,给乡村带来源源不竭的前进动力。

1. 拥护党的核心领导地位

①坚持党对乡村发展全局的统领;

②时刻牢记责任,肩负起发展的重担;

③党始终站在人民的同一面,把指挥工作做好,带领大家稳步往前进;

④党全心全意为人民服务,将人民的利益放在首位。

在乡村的发展之中,要拥护好党的领导地位,不断完善党的职能,让党带领广大百姓早日过上富裕美好的生活。

2.构建好党的农村工作领导机制

乡村振兴是一个浩大、庞杂的工程,需要全国上下齐心,协助党打造一个层层推进、科学、合理的农村工作领导机制,才能够克服重重险阻,早日让乡村发展起来,让乡村人民走向共同富裕的新生活。

①省委党政机关将乡村发展的实情同步向党中央汇报,让党中央掌握好乡村的最新动态,能够制定出最科学的乡村发展决策和制度保障;

②市、县党政机关要建立好乡村治理的考核机制,激发领导干部的治理热情,开发领导干部的治理潜能,发挥大家的强大优势,让大家在乡村的治理中能够一往无前;

③乡镇党政机关是乡村治理中的重要环节,要合理配置好资源,让各个乡村的发展更为均衡,及时向上级机关汇报发展的重点、难点,将难题攻克下来;

④村党支部是党和乡村最为直接的关联,村党支部一定要全心全意为人民服务,不断完善自身的综合素质,为乡村发展指路,建立好党的形象,让广大乡村百姓认识党,感受到党的独特优势,自觉跟着党走。

在全国范围内构建一个五级领导模式,让"五级党委书记"共抓乡村的治理,为乡村培养一批又一批发展力量,让乡村早日实现伟大振兴。

二、明确政府职责

乡村"多元共治"格局的构建,关键在于政府是否是负责任的政府。社会管理是政府的重要职能之一,生活中的绝大多数重大事件都需要相关政府机构拍板决策,但这并不是说我国国家事务是由政府一言堂决策的,而是以政府为引导者,明确政府的各项责任,在不违背法律的前提下全面提升政府的职能,让其社会管理能力更加卓越,推动社会和谐有序地平稳前行。

在我国乡村治理之中,政府的发展要立足于以下两点:

(一)定准位

只有找准位置,才能明确好责任,因此各地区政府在乡村治理之中首先要将自己的职能定位搞清楚,知道什么该做、什么不该做,知道什么是责任、什么是义务,只有这样才能将自己的责任和义务承担好。

其一,优化管理职能,处理好村民之间的关系,均衡好人民的利益,减少纠纷和争吵,让乡村更加和谐;其二,将自身的权力和责任规范化,让工作的开展有序、文明地进行下去;其三,不断创新公共服务和行政审批机制,为百姓提供方便、快捷、高效、优质的服务;其四,全心全意为百姓着想,一切以人民群众为出发点,让治理效果显著。

(二)善服务

政府对于乡村人民而言应是服务者,而不是统治者,要推动政府职能的转变,构建成一个服务型政府,让政府成为真真正正的人民政府。

其一,改变不良的作风,勤于各项工作事务的处理,主动关爱百姓,一切决定都以人民的利益为基准;其二,将各项权力、资源、服务实实在在地下放到基层,为乡村的发展铺平道路,让乡村经济不再束手束脚;其三,落实好乡村社会保障的基础建设,为百姓谋取实实在在的好处,提供更加优质的公共服务。

三、促进社会协同

天下兴亡,匹夫有责,慢慢成为了亘古不变的真理,只有大河里有水,小溪流才不会枯竭。乡村治理也是如此,不仅需要党和政府的科学引导和扶持,也需要发挥社会各界团体的力量,还要调动广大乡村人民的积极性,才能更好、更快地实现乡村振兴。乡村振兴了又反作用于各个环节,让各股力量更加强大。

(一)重视农村本土组织的效用

在乡村中,一些有着共同理想和目标的人自发组织起来,形成了具有特定流程和规章制度的团体。这些团体具有社会性质,汇聚了众多乡村民众的智慧与力量,能够代表一部分人的声音。在乡村治理过程中,应加强基层组织的建设,深化道德观念的教育,帮助他们树立正确的信仰,更有效地团结广大村民,充分发挥其在乡村政务中的作用。

(二)将本土组织拉入到乡村治理之中

基层组织与村民的距离很近,发挥着上传下达的作用,也是缓解矛盾、拉近彼此距离的润滑剂。一方面,它可以将乡村的弱势群体组织起来,形成强大的合力,更好地表达自己的诉求和主张;另一方面,它有助于缓解基层组织与村民之间的矛盾,增进彼此之间的了解。因此,我们应该让基层组织更多地参与到乡村治理中,发挥其独特的优势,更好地保障乡村民众的权益,在乡村政务中发挥积极作用。

(三)挖掘基层群众自治组织的基础性作用

一些基层群众自治组织为乡村治理的发展奠定了良好的基础,他们凭借自身的亲民性,与群众建立了友好的关系往来,能够及时、准确地了解村民生活中的难点和重点,在他们需要帮助的时候积极、热情地伸出援助之手,为他们排忧解难,给予他们光和热。长此以往在乡间树立了良好的形象,对民众有一定的号召力和影响力。所以我们要利用好这些基层群众自治组织,发挥他们在乡村治理中的基础性作用,让他们带领广大村民一起进步,有效地解决生活上的各项矛盾,让乡村的发展更加顺畅。

四、拉动公众参与

乡村的治理要想永久保持旺盛的生命力,还得依靠乡村人民,只有自己才能掌握住自身最终的命运。

在乡村治理之中,我们要将广大乡间百姓拉入到乡村治理的中心地带,让他们养成自觉参与乡村政务的好习惯,在各方势力的鼓舞和引领下,依靠自己的勤劳和智慧,打开乡村财富的大门。

(一)激发村民的参与意识

没有办不成的事,只要我们勤于努力,积极探索,尝试各种方法和途径,最终总会战胜苦难,达成目的。而村民参与民主自治最大的难点在于意识上的淡薄,我们只有首先攻克了这个难题,才能将乡村自治往更深层次发展。

其一,利用各种渠道和形式将乡村治理的价值和意义传递给乡村百姓,让他们知道,让他们了解,逐步打破传统小我的局限,融入乡村大集体之中来;其二,加大乡村村民自治知识和流程的培训力度,让百姓形成正确的价值判断和成熟的自治理念,能够明辨是非,能够分清局势,了解自治的实质和内涵,明白自治是实现自身和乡村长远发展的最佳途径,让大家更加积极、主动地参与到乡村政务处理之中。

(二)用制度保障好村民的参与权利

为了保障好广大人民的参与权利,必须构建好系统性的制度。乡村治理过程中制度是不可或缺的,只有白纸黑字将权利和义务写清楚,才能给村民以保障,避免无良分子有机可乘,让乡间百姓能够自如、有序地参与到各项乡村创造活动中去。

(三)丰富村民参与的渠道

信息化时代的发展,改变了全球人民的生活方式,让大家日常中的点点滴滴都发生了巨大的变化,打破了时空的界限,拉近了人与人之间的距离,实现了资源、信息的及时共享,让人的交流更加便捷。这也就打开了村民参与乡村治理的方便之门。

在乡村治理的过程中我们要丰富村民参与治理的渠道,构建一个及时共享的村民信息共享平台,利用互联网、移动电子设备等将最新的政策、法令、乡村政务相关事宜公布到平台上,鼓励大家建言献策,广泛地听取民众合理的建议和想法,让乡村的治理更加科学、有效,让乡村的治理更切合民心、民意,使乡村变得更加美好。

五、健全法治保障

乡村治理的过程中非常关键的一个环节就是如何健全法治,让法治为乡村的各项发展提供强有力的保障。

(一)完善乡村立法工作

乡村治理过程中想要利用法治来提供强有力的保障,最为首要的就是得完善好乡村的立法工作,只有做到有法可依,才能实现有法可靠,否则一切都是漫无目的的空谈。

1. 立法观念与时俱进

乡村的立法观念必须与时俱进,不断创新形式,更新内容。坚定不移地走中国特色社会主义道路,以习近平新时代中国特色社会主义思想作为立法指导,以农村的全面发展为根本立足点。

2. 提升农村立法品质

乡村法治的建设不是夸夸其谈,而是要落到实处,不断提升立法的品质,只有这样才能长久,才能为乡村的各项发展提供强有力的保障。

乡村的立法要全面、详细地考虑好百姓最为关心的问题,切实保障好大家生活中的各项权益,让乡间各项具体事宜都能够有法可依。

(二)构建精良的普法队伍

乡村法治建设的核心在于加强普法队伍的建设,培养丰富的法律人才,充分利用法律专才的优势,让法律的光辉照耀到乡村的每个角落,使广大乡村民众深入、直观、全面地接受法律的教育和熏陶。

在法治推进过程中,需要强化对法律专才的培养,打造一支又一支法律精英团队,清除乡村的不法分子和法盲,让大家接受专业、精细的法律宣传和指导,逐步在言行举止中展现法律的威严和魅力。

(三)不断改进普法工作形式

要不断改进法律普及的方式和方法,让法律推行的效果更加显著。在法治的建设过程中,一定要考量好民风民俗以及百姓的能力和水平,以乡村的实情为出发点,利用一些通俗、浅显、简便的载体将法律知识深入浅出地讲明白、讲清楚,让百姓能够接触到法律的实质,体会到法律的精神。

第三节 构建农村基层治理新队伍

党的十九大报告指出,人才是发展的基础,只有大力培育一批懂农业、爱农村、爱农民的"三农"工作队伍,才能更好地实现乡村伟大振兴战略。专业的人才能做好专业的事,所以农业的发展必须有"懂农业"的人;不热爱农村就无法稳定地在农村待下去,所以农村的壮大必须有"爱农村"的人;没有对农民的喜爱,心里就不会放着农民,也难以时刻为农民着想,所以农民的全面进步必须有"爱农民"的人。

一、懂农业,方能知进退

不懂农业的人,难以把握好农业发展的尺度,不知何时该进、何时该退,也不知哪种该进、哪种该退。农业不仅是我国也是全人类发展史上最为长久、悠远的一项产业,虽然历经了数千年的洗礼,也取得过不错的成果,但这些是远远不够的,农业的发展依旧任重而道远,只有农业强,人们的生活才会有保障;只有农业强,国家才会强。

众所周知,专业的人才能干好专业的事,我们必须考虑到农业发展的实质,培养一批农业知识丰富、农业科学技术掌握精湛、农业精神饱满、爱创新的农业专家来引领农业的发展,用人才的力量,来推动农业的高速发展,带动农村走上农业富裕之路。

(一)深化"三农"干部队伍的培育和运用

各地区党政机关的一把手和领导干部要清楚了解"三农"、高度重视"三农"、大力培育"三农",灵活运用"三农",专职负责农业发展的领导干部也必须逐渐发展成"三农"工作上的行家,把握好农业的特性和实质。

其一,完善基层干部职业能力考评机制,定期进行各项专业知识和技术的培训和考核;其二,定期聘请国内外农业生产、管理、经营等方面的专家,开展经验分享和交流讨论等活动;其三,鼓励基层领导干部坚持下乡,定期访问村户们农业发展实况,以便对症下药,及时处理好发展上的难点和重点。

(二)发展农村实用人才队伍

农产品市场具有低收益、高风险、时间限制大、周期较长、转化率低等特点,更何况市场调节本身也具有一定的局限性,导致很多普通农民群众把握不好市场的动向和规律,在农业产业各个环节中白白投入大量的人力、物力和财力,却收效甚微,失去了很多机会,其中一部分人也难以东山再起。可见,在乡村中培养一批长于生产、优于技术、精于管理、善于经营、懂于市场的实用人才是多么重要。

其一,乡村的农业发展人才不仅要会生产、懂技术,还要精通市场,了解行业规律、了解法律知识,能够及时获得市场的最新信息,掌握市场的动向;其二,乡村农业发展人才也要有一定的管理和经营能力,树立先进的管理和经营理念,不断创新管理和经营形式,带领广大乡村百姓推动农业的发展。

(三)提升农业发展中的科技水平

农业的全面深化发展,最终靠的还是科学技术,只有在农业发展中不断提高科学技术含量和科学技术水平,才能让农业更具生命力,发展得更加平稳、快速,形成我国独特、强大的农业竞争力。

1. 组建农业技术推广团队

①大力培养农业科技人员,扩展农业科技队伍;

②完善农业科技人员的福利待遇和晋升机制,激发他们的工作热情,充分调动他们的潜能优势;

③定期进行农业科技人员的培训工作,既要培养专业技术知识和能力,也要培养服务意识和水平;

④培养农业科技人员大公无私的精神,鼓励他们带新人,做乡村科学技术的引导者,培养更多懂技术的农村人。

2. 构建农业科技智库体系

①为确保农业人才源源不断地供应,将乡村与各大高校、农业科研机构、农业相关行业企业间建立起友好合作关系,定期向乡村输送、借调专业化的人才;

②设立乡村的农业智慧库,不断地积累农业知识和研发农业技术,积极主动地向国内外专业的优秀人物学习取经。

二、爱农村,方能不变初心

社会主义新农村建设是我国发展的重要方面,它关系国家的繁荣和人民的福祉,是实现国家和谐、美好未来的基石。

如果没有对农村的深厚感情,面对恶劣的环境、棘手的问题、邪恶势力以及金钱诱惑等,我们可能会难以保持冷静和理智,甚至可能会在困难面前退缩,或者被利益所左右。这样的情况下,农村的发展将无法正常进行,其结果可想而知。因此,只有那些对农村充满热爱的人,才能克服一切困难,推动农村的全面发展,为乡村振兴贡献自己的力量。

(一)塑造基层干部的职业精神

1. 提升责任感和使命感

在乡村的基层领导干部要不断提升自己的责任感和使命感,把农村的事当作自己的事,把农村的发展当作自己的发展,把农村当作自己的家。

只有设身处地地为农村着想,才能形成良好的职业精神,克服一切的不利条件,战胜农村发展中的各项困难,从内心深处指引着自己参与到农村发展中去,时刻为了农村想,时刻为了农村而努力。

2. 激发为人民服务的意识和水平

基层领导干部既然占据着职位,就要承担起该有的责任和义务,一切为了人民群众而服务,不断提高自己的服务意识和水平。

在工作中要直面农民,拉近与他们的距离,与他们像朋友一样相处,建立良好的关系,经常促膝长谈,真心实意为其考虑、为其排忧解难、为其谋出路、为其求发展,带领广大村民实现创收、增利,过上安稳、无忧、富裕的美好生活,成为人民的好公仆。

3. 提高自身的综合素质

农村的基层领导干部也要养成终身学习的好习惯,不能停滞不前,而要不断提高自身的综合素质,促进自身的全面发展,为农村的未来贡献出更大的力量。

（二）丰富干部选拔途径

人才是发展的基础,农村的发展需要不断投入人才力量,我们要善于选择人才、善于运用人才,丰富干部的选拔途径,合理利用人才资源,选择合适的人,将人放到合适的位置,充分发挥他们的个人特色和才能,让农村的发展如虎添翼,更加快速、稳健。

其一,大力开发社会各界人士的力量,鼓励和引导一些事业有成的人、有识之士、优秀的企业家、经验丰富的部门负责人、能力卓越的青年工作者下乡来,加入农村建设领导团队中来;其二,优化人才选拔机制,与高校、机关事业单位、社会行业企业建立良好的关系,定向培养基层领导干部,为农村的发展贡献领导人才;其三,不断进行制度的创新,鼓励社会上学识丰富、能力强、技术好的人员一人身兼数职,可以在农村挂职、兼职等,利用业余时间,采用线上、线下相结合的模式,对农村的各项发展进行指导。

（三）维持"三农"工作队伍的稳定性

当前,我国"三农"领域的人才流失问题较为严重,队伍稳定性相对较弱。城市的快速发展以及农村生活条件的不足,使得农村对人才缺乏吸引力。为此,在实践中,需要采取措施稳定"三农"人才队伍,保障农村的健康发展。首先,应合理分配资源,调动大量资金,支持农村基础设施建设,完善各类基础设施。其次,优化"三农"人才的福利待遇和晋升机制,为人才提供发展空间,让他们充满希望,看到光明的未来。最后,定期举办知识技能培训和思想交流会,使人才不断提升自身能力、不断成长,通过沟通交流分享心得和情感,增进同事间的感情,形成和谐友爱的团队氛围,共同进步。

三、爱农民,方能全心全意

只有真正爱农民的人,才能全心全意地为农民服务,把农民当作自己的家人和朋友,急农民之所急,忙农民之所忙,想农民之所想,及时给农民送来温暖和关怀,与农民打成一片,成为真正的一家人,共同创造美好、幸福的乡村生活。

(一)着力培养新农人

而今是信息化时代,比的是科学技术,靠的是高素质人才,自然界对于农业的绝对统治时期已经过去,要注重把农业发展带上现代化的道路,着力培养一批又一批新型农民,让农村的发展更加稳健。

其一,鼓励社会各界人士、优秀工作者、高校学生、农民参与到农业创造活动中来,让大家热爱农业,对农业有着饱满的热情;其二,对农民进行系统化的职业培训,提升大家的农业专业知识和农业专业技术;其三,定期邀请国内外专家学者、各行业杰出企业家来农村开展思想经验交流座谈会,将最先进的思想理念、技术能力引入到农村;其四,提升职业者的综合素质,培养他们的市场思维,力求集产、供、销、管理能力于一体。

(二)致力于民生问题的解决

农村基层领导干部要热爱每一个农村人,全身心投入到民生问题的解决中,带领农村人参与到共同致富上来。

其一,专注于农村物质生活的改善,大力招商引资,带领农民修好路,完善基础生活设施的建设;其二,鼓励大家终身学习,用知识文化来武装头脑,用技术能力来防护身体,让农民始终走在前进的道路上;其三,引导大家合理利用资源,号召本村和村外人士以个人,或者合伙等形式进行创业,打造乡村特色产业,为农民增加工作机会,扩展收入来源,把农村经济搞活。

乡村的振兴,不是党和政府的一言堂,也不是农村人自己的事,而是每一个中国公民的责任和义务。我们要"漫天撒网,广泛捕鱼",在全国范围内搜罗人才,培养一批又一批懂农业、爱农村、爱农民的"三农"工作队伍,为乡村的发展保驾护航。

第四节　形成新农村气象

乡村的发展永无止境,全国上下要万众一心,共同致力于乡村的振兴之中,让乡村远离贫穷、落后,使乡村每一户人家都能够过上和平稳定的富裕生活,在乡村中打造新房舍、新设施、新环境、新农民、新风尚,让农村展现出新时代的新气象。

一、坚定信念,一往无前

今日的中国正在不断壮大,国家综合实力在不断提高,国际地位越发显著。我们有充足的信心,为乡村的居民创造更美好的生活,让他们享受到幸福和和谐。

无论何时,乡村的发展都有着无限的可能,每一个人都有可能成为推动乡村发展的力量。在乡村的发展之路上,我们需要坚定的信念,勇往直前,善于利用各种资源,调动所有可以集合的力量,去克服乡村发展过程中遇到的种种困难。我们要挺胸抬头,朝着前进的方向,不畏艰难,不惧险阻,坚定地走下去。

二、善于总结,砥砺奋进

过去的不能白白被浪费,要随着时间的逐步推移,有所成长,留下有效的印记,所以我们要善于总结,在砥砺中奋进。

(一)立足当下,脚踏实地

乡村的发展过程中我们要立足当下,脚踏实地地干,为百姓干实事、办好事,着力解决百姓所关心的问题,完善好乡村基础设施建设,因地制宜地发展好乡村特色化产业,改善百姓的生活条件,为百姓创收、增利,而不能好高骛远,搞一些假大空的花把式。

(二)聚精会神,抓住机遇

只要我们聚精会神,一心一意谋发展就会发现,处处是机会。我们要目光敏锐,在时代的洪流之中看准时机,要勇敢果决,在花花绿绿的干扰之中及时抓住机遇,顺势而变,变劣势为优势,将优势充分展现出来。铆足精神,奋力拼搏,谋求出路,为乡村的发展开创出全新的科学发展之道,带领广大村民走上乡村发展、壮大的新征程。

三、代代相接,永续传承

乡村的发展应当一代一代传承下去,永不停歇,永不止步,与时间赛跑,与日月同辉,不断地谋求更高、更快、更加稳健的发展,创新内容,创新形式,为乡村的发展添加全新的元素,开创全新的局面,营造全新的气象。让农业的发展更加全面深入,让农民的生活更加便捷优质,让乡村成为美好、和谐、幸福的人间天堂。

第六章　乡村产业振兴

第一节　乡村产业振兴的发展潜力与重点任务

自改革开放以来,我国乡村产业发展迅猛。进入新时代,我国乡村产业振兴前景广阔。当前,我国乡村产业振兴的重点任务是保障农产品有效供给、保持生态涵养、带动农民就业增收、促进城乡融合发展。

一、乡村产业振兴的发展潜力

我国在乡村产业发展方面进行了长期的尝试和探索。从计划经济时期的社队企业,到 20 世纪 80 年代的乡镇企业,再到 20 世纪 90 年代的农业产业化经营,这些尝试和探索在特定历史阶段都发挥了重要作用,为我国国民经济和社会的快速发展做出了历史性贡献。然而,在这一过程中,也面临着一系列问题,如工农城乡发展不平衡、资源要素交换不平等等。近年来,随着城乡一体化进程的加速和强农惠农政策的实施,农村基础设施和公共服务逐步改善,乡村产业发展重新焕发活力。农业的基础地位得到进一步巩固,粮食产量稳定,农产品加工业、休闲农业、农村电商等新产业呈现蓬勃发展之势。此外,农业生产性服务业产值也超过 2 000 亿元。这些新产业新业态的快速发展,激发了农业农村经济发展的活力,改善了乡村产业发展的内外部环境,为农业农村现代化发展提供了持续稳定的新动能。

乡村产业具有广阔的发展空间,蕴藏着推动农村经济社会深刻变化的巨大潜力。实现中国特色乡村产业振兴的目标,需要立足我国基本国情、农情和农村经济比较优势,以保障农产品供给、提高农民生活水平、实现乡村振兴为目标。此外,还要以全面提高乡村人口承载力、产业竞争力和可持续发展能力为方向,构建现代农业产业体系、生产体系、经营体系,强化改革驱动,突出双创引领,大力发展新产业新业态,构建产业门类合理布局、资源要素有效集聚、创新能力稳步提升、内生动力充分激发、综合效益明显提高的产业体系。最终,形成与城镇产业科学分工、优势互补、结构优化、合作发展的乡村产业发展新格局,为农业农村现代化发展提供持续稳定的新动能。

中国特色乡村产业的内涵和外延十分丰富,在发展中要把握好四条原则。一是坚持以农为本,这是乡村产业发展的基本前提。乡村产业发展必须扎根于农村、立足于农业、服务于农民,充分利用农村特有的资源优势、人文条件、生态风光,将农村作为长期发展的坚实基础。二是坚持协调带动,这是乡村产业发展的本质要求。要把产业发展落到促进农民增收、农村繁荣上来,在保持乡村生态环境、乡土风情、公序良俗的基础上,走生产发展、生活富裕、生态良好的发展道路。三是坚持融合发展,这是乡村产业发展的必要途径。要进一步延长产业链条,拓展产业空间,促进农村一、二、三产业交叉融合,发展新产业新业态新模式,孕育乡村发展的新动能。四是坚持充满活力,这是乡村产业发展的衡量指标。产业发展得好或不好,关键是看产业是否具有活力。要不断培育新型经营主体,深入推进创业创新,引领乡村产业参与市场竞争,塑造核心优势,实现可持续发展。

二、乡村产业振兴的重点任务

乡村产业振兴任务艰巨,不同产业的功能定位不同,要准确把握发展目标和方向,突出四个重点任务。

(一)保障农产品有效供给

保障国家粮食和重要农产品供给安全,是乡村产业发展的第一要义。要巩固提升粮食等重要大宗农产品生产能力,确保国家粮食安全。调整优化农业结构,推进农业由增产导向转向提质导向,立足农村资源禀赋优势,大力发展农产品加工业、休闲农业、乡村旅游、劳动密集型加工制造业、生产性和生活性服务业,提高农业供给体系质量与效率,满足居民日益增长的绿色优质物质产品和生态文化等精神产品需求。

(二)保持生态涵养

要坚持绿色发展理念,大力推行绿色生产生活方式,统筹山水田林湖草系统治理。强化政府与市场主体的生态环境保护责任,加强对可能产生污染的重点领域、重点产业的监管,强化产业内部重点环节风险管控,应用先进适用的环保技术设备,尽可能降低对环境的负外部性。发挥乡村生态优势,大力发展乡村绿色生态环保产业,加强乡村资源回收利用和污染治理,将绿水青山打造成金山银山。

(三)带动农民就业增收

以人民为中心,我们的产业发展应以增加农民收入为目标,全力以赴地推动乡村生活的富裕。虽然我们继续推进城镇化进程,但这将是一个相对缓慢且持续的过程。即便城镇化率达到发达国家的水平,我国仍有数亿人口将生活在农村。他们的生产和生活需要产业的支撑。因此,乡村产业发展的重要任务是创造稳定的乡村就业机会,实现农民更高质量的就业,密切与农民的利益联系,推动农民收入的持续快速增长。我们应该大力发展乡村非农产业,充分发挥其在带动就业和促进就业方面的显著作用,以实现农民收入的持续增长和乡村的繁荣发展。

(四)促进城乡融合发展

实现城乡融合发展需要立足于城乡不同的资源禀赋优势,通过产业错位布局和协同配合。这包括加强城乡产业之间的衔接和配套,例如,将城市产业的部分配套产业如原材料生产和初加工等放在乡村,乡村产业的部分配套产业如产品设计、终端销售和配送等放在城市。同时,要加快引导城市的先进生产要素如人才、资金、技术、管理、信息等进入乡村产业,提升乡村产业发展能力与水平,开辟更广阔的空间,通过产业发展一体化,有效缩小城乡差距。

在推动乡村产业发展过程中,我们应高度重视乡村产业层次较低、资源利用较为粗放、对人才资金技术等要素的吸引力不强、经济效益相对低下等发展质量问题。当前和今后一个时期,我们要以推动乡村产业高质量发展为主线,进一步明确和细化乡村产业发展战略目标。这包括着眼于增强产业实力,加强龙头带动,培育规模以上工业企业和农业产业化龙头企业,提升产业竞争力;加快推进提质增效,提高单位面积经济密度,提高资源利用率、劳动生产率;优化产业结构,提高主导产业产值比重,增强就业增收带动能力。

此外,还需要着眼于增强产业内生动力,强化体制机制创新,引进乡村外部的人才、资本和管理理念,建立合理的利益联结机制;加快新产品开发和新技术新模式应用,多渠道开拓市场,多元化培育新产业新业态,促进产品服务价值实现;注重科技创新、扩大研发支出规模,提高全要素生产率。同时,着眼于增强产业可持续发展能力,倡导绿色发展理念,注重节约资源、保护环境、造福社会、和谐发展,降低单位产出能源资源消耗,增加环境保护投入,降低污染物排放水平,实现污染物达标排放,鼓励发展清洁生产,加强废弃物处理和资源化利用,不断提高生态效益和社会效益。

第二节　完善乡村产业振兴的支持政策与具体举措

乡村产业振兴要发挥好政府和市场两方面的应有作用。政府层面要抓紧制定乡村产业振兴计划,编制重点发展的基础产业目录、重点支持的经营业态目录、重点建设的产业体系目录,建立产业效率评估体系。市场层面要大力消除阻碍资源要素自由流动平等交换的体制机制性障碍,激活要素活力、市场活力、主体活力。

一、完善乡村产业振兴的支持政策

(一)推进城乡要素分配均等化、公共服务供给一体化

全面落实城乡统一、重在农村的基础设施建设保障机制,完善农村水电路气房网等基础设施。把农业农村作为财政支出的优先保障领域,政府预算内投资继续向农业农村倾斜,优化投入结构,创新使用方式,提升支农效能;加大各级财政对主要粮食作物保险的保费补贴力度,建立对地方优势特色农产品的保险补贴政策。引导资金流向农业农村,全面落实农村金融机构存款主要用于农业农村发展的考核约束机制,实施差别化货币政策,健全覆盖市县的农业信贷担保体系,改革抵押物担保制度,完善抵押物处置机制,扩大涉农贷款规模,推广政府和社会资本合作模式,撬动金融和社会资本注入农业。对城市资本、人才、技术等要素下乡兴业制定优惠政策,引导外部要素向农村流动。

(二)继续深化农村重点领域改革

通过改革,创新乡村产业振兴制度供给,优化资源要素配置方式。深化农村土地制度改革,落实第二轮土地承包到期后再延长30年政策,在基本完成承包地确权登记颁证的基础上强化确权成果应用,完善农村土地"三权分置"

制度,加快培育新型经营主体发展多种形式适度规模经营。加快推进农村"三块地"改革,完善新增建设用地保障机制,将年度新增建设用地计划指标确定一定比例用于支持农村新产业新业态发展,抓紧完善农民闲置宅基地和闲置农房政策,探索宅基地所有权、资格权、使用权"三权分置",允许通过村庄整治、宅基地整理等节约的建设用地采取入股、联营等方式,重点支持乡村休闲旅游等产业和农村一、二、三产业融合发展。深化农村集体产权制度改革,全面开展清产核资、集体经济组织成员身份确认、股权量化等工作,研究赋予农村集体经济组织特别法人资格的办法。培育壮大农村集体经济,稳妥开展资源变资本、资金变股金、农民变股东、自然人农业变法人农业的改革,打造服务集体成员促进普惠均等的农村集体经济组织。推进农业农村管理体制改革,严格落实各级党委抓农村基层党建工作责任制,发挥县级党委"一线指挥部"作用,实现整乡推进、整县提升。深化农村社区建设试点工作,完善多元共治的农村社区治理结构。深化农村精神文明建设,提高农民文明素质和农村社会文明程度。构建农业生产投入一体设计,农村一、二、三产业统一管理,农业国内国际"两种资源、两个市场"统筹调控的大农业管理格局。

(三)打造多元化、特色化的乡村产业融合发展格局

实践中各地区要致力于发展特色乡村产业,充分利用区域特色和优势,打造出一系列优质专用、特色鲜明、附加值高的主导产品,进一步做强做大区域公用品牌。我们还要围绕有基础、有特色、有潜力的产业,创建一些现代农业产业园,让农民能充分分享二、三产业增值收益。同时,我们要大力发展新产业新业态,比如乡村休闲农业、乡村旅游、森林康养等多元化的乡村产业,推动农业、林业与旅游、文化、康养等产业的深度融合。农村电商也是我们需要加快发展的方向,我们要建立健全适应农产品电商发展的标准体系,支持农产品电商平台和乡村电商服务站点建设,发展电商产业园。在食品产业方面,我们要加快发展现代食品产业,利用优势农产品产地,打造食品加工产业集群,积极推进传统主食工业化、规模化生产。此外,还要完善小农户发展的政策和机制体系,持续推进农业保险扩面、增品、提标,探索开展价格保险、收入保险试点,推广"保险+期货"模式。要支持农户与新型经营主体通过订单农业股份合作等形式建立紧密的利益联结机制,让处于产业链低端的小农户也能分享财政支农的政策红利,参与全产业链和价值链的利益分配。

二、推进乡村产业振兴的具体举措

(一)优化涉农企业家成长发育的环境,鼓励新型农业经营(服务)主体等成为农业农村延伸产业链、打造供应链、提升价值链、完善利益链的中坚力量

推进乡村产业振兴,必须注意发挥涉农企业家的骨干甚至"领头雁"作用。离开了企业家的积极参与,推进乡村产业振兴就如同汽车失去了引擎。加快构建现代农业产业体系、生产体系、经营体系,推进农村一、二、三产业融合发展,提高农业创新力、竞争力和全要素生产率。新型农业经营主体、新型农业服务主体的作用举足轻重。它们往往是推进质量兴农、绿色兴农、品牌兴农、服务兴农的生力军,也是带动农业延伸产业链、打造供应链、提升价值链、完善利益链的"拓荒者"或"先锋官"。发展多种形式的农业适度规模经营,也离不开新型农业经营主体、新型农业服务主体的积极作用和支撑带动。这些新型农业经营主体、新型农业服务主体带头人,往往是富有开拓创新精神的涉农企业家。各类投资农业农村产业发展的城市企业、工商资本带头人,往往资金实力强,发展理念先进,也有广阔的市场和人脉资源。他们作为企业家,不仅可以为发展现代农业、推进农业农村产业多元化和综合化发展,带来新的领军人才和发展要素;还可以为创新农业农村产业的发展理念、组织方式和业态、模式,为拓展和提升农业农村产业的市场空间、促进城乡产业有效分工协作提供更多的"领头雁",更好地带动农业农村延伸产业链、打造供应链、提升价值链、完善利益链。推进乡村产业兴旺为许多乡村新产业、新业态、新模式的成长带来了"黄金机遇期",也为城市企业、工商资本参与乡村振兴提供了可以发挥比较优势、增强竞争优势的新路径。如在发展农业生产性服务业和乡村旅游业时,城市企业、工商资本具有较强的比较优势。

支持各类企业家在推进乡村产业振兴中建功立业,关键是优化其成长发育的环境,帮助其降低创新创业或推进产业兴旺的门槛、成本和风险。要结合农业支持政策的转型,加强对新型农业经营主体、新型农业服务主体的倾斜性、制度化支持,引导其将提高创新力、竞争力、全要素生产率和增强对小农户发展现代农业的带动作用有机结合起来。要结合构建农村一、二、三产业融合发展体系和加快发展农业生产性服务业,鼓励专业大户、家庭农场、农民合作

社、农业产业化龙头企业等新型农业经营主体或农业企业、农资企业、农产品加工企业向新型农业服务主体或农村产业融合主体转型,或转型成长为农业生产性服务综合集成商、农业供应链问题解决方案提供商,带动其增强资源整合能力、要素集成能力、市场拓展提升能力,进而提升创新力和竞争力,成为推进乡村产业兴旺的领军企业或中坚力量。结合支持这些转型,引导传统农民、乡土人才向新型职业农民转型,鼓励城市人才或企业家"下乡"转型为新型职业农民或农业农村产业领域的企业家。

要结合支持上述转型,鼓励企业家和各类新型经营主体、新型服务主体、新型融合主体等在完善农业农村产业利益链中发挥骨干带动作用。通过鼓励建立健全领军型经营(服务)主体–普通经营(服务)主体–普通农户之间,以及农业农村专业化、市场化服务组织与普通农户之间的利益联结和传导机制,增强企业家或新型经营主体、新型服务主体、新型融合主体对小农户增收和参与农业农村产业发展的辐射带动力,更好地支持小农户增强参与推进乡村产业兴旺的能力和机会。近年来,各地蓬勃发展的各类复合型农村产业融合组织,如发源于安徽宿州的农业产业化联合体、发源于四川崇州的农业共营制、发源于浙江的现代农业综合体,以及 2017 年中央一号文件要求"大力推广"的"生产基地+中央厨房+餐饮门店""生产基地+加工企业+商超销售"等产销模式在此方面进行了积极的探索。部分高效生态循环的种养模式,部分"互联网+""旅游+""生态+"模式,也在让农民特别是小农户合理分享全产业链增值收益和带动农民提升发展能力方面进行了积极尝试。要注意引导其相互借鉴和提升,完善有利于农户特别是小农户增收提能的利益联结机制。

(二)引导督促城乡之间、区域之间完善分工协作关系,科学选择推进乡村产业振兴的重点

发展现代农业是推进乡村产业振兴的重点之一,但如果说推进乡村产业振兴的重点只是发展现代农业,则可能有些绝对。至少在今后相当长的时期内,就总体和多数地区而言,推进乡村产业振兴要着力解决农村经济结构农业化、农业结构单一化等问题,通过发展对农民就业增收具有较强吸纳、带动能力的乡村优势特色产业和企业,特别是小微企业,丰富农业农村经济的内涵,提升农业农村经济多元化、综合化发展水平和乡村的经济价值,带动乡村引人才、聚人气,增加对城市人才、资本等要素"下乡"参与乡村振兴的吸引力。因

此,推进乡村产业振兴,应该采取发展现代农业和推进农业农村经济多元化、综合化"双轮驱动"的方针,二者都应是推进乡村产业振兴的战略重点。当然,发展现代农业要注意夯实粮食安全的根基,也要注意按照推进农业结构战略性调整的要求,将积极推进农业结构多元化与大力发展特色农业有效结合起来。

为了推动农业农村经济的多元化和综合化,应该指导农村的一、二、三产业融合发展,并鼓励农业农村经济的专业化和特色化发展。同时,我们应引导城市的企业、资本和要素积极参与农村的发展,利用城市产业对乡村产业高质量发展的引领和辐射作用。然而,需要认识到,不是所有的产业或企业都适合布局在城市或乡村,这实际上涉及一个区位优化选择和经济合理性的问题。如果我们不加区别地推进城市企业进入农村,这不仅违背了工业化城镇化的发展规律,而且不利于获得集聚经济、规模经济和网络经济效应,从而影响乡村经济乃至城乡经济的高质量发展。根据推进乡村振兴和区域经济高质量发展的要求,适合"下乡"的企业应具有较强的乡村亲和性,能与农业发展有效融合,能与乡村或农户利益有效联结,有利于带动农业延伸产业链、打造供应链、提升价值链、完善利益链。或者,这些企业应在乡村具有较强的发展适宜性、比较优势或竞争力,甚至在城乡之间有效形成分工协作错位发展态势。例如,乡村旅游业、乡村商贸流通业、乡村能源产业、乡村健康养生和休闲娱乐产业、农特产品加工业、乡土工艺品产销等乡村文化创意产业、农业生产性服务业和乡村生活性服务业,甚至包括富有特色和竞争力的乡村教育培训业等。当然,由于人口特征、资源禀赋、区位条件和发展状况、发展阶段的差异,不同类型的地区适宜在乡村发展的产业也有较大的区别。因此,我们需要因地制宜地推进乡村产业的发展,以实现乡村振兴和区域经济的高质量发展。

需要注意的是,推进农业农村产业多元化、综合化发展,与推进农业农村产业专业化特色化并不矛盾。多元化和综合化主要适用于宏观层面,专业化和特色化主要是就微观层面而言的,宏观层面的多元化和综合化可以建立在微观层面专业化、特色化的坚实基础之上。通过推进农业农村产业多元化、综合化、专业化、特色化发展,带动城乡各自"回归本我、提升自我",形成城乡特色鲜明、分工有序、优势互补、和而不同的发展格局。

2018 年中央一号文件提出,要"大力发展文化、科技、旅游、生态等乡村特色产业,振兴传统工艺。培育一批家庭工场、手工作坊、乡村车间,鼓励在乡村地区兴办环境友好型企业"。依托这些产业推进农业农村经济多元化、综合化，都容易形成比较优势和竞争力，也容易带动农民就业创业和增收。有些乡村产业的发展，不仅可以促进农业农村经济多元化、综合化、专业化、特色化发展，还可以为"以工促农""以城带乡"提供新的渠道，应在支持其发展的同时，鼓励城市产业更好地发挥对乡村关联产业发展的引领带动作用。如鼓励城市服务业引领带动农业生产性服务业和乡村生活性服务业发展。当今世界，加强对农产品地产地销的支持已经成为国际趋势。不仅与我国资源禀赋类似的日、韩等国早已注意到这一点，与我国资源禀赋迥异的美国在农业政策的演变中也呈现类似趋势。形成这种趋势的一个重要原因是，支持农产品地产地销可以带动为农场、企业提供服务的储藏、加工、营销等关联产业发展，并通过促进农产品向礼品或旅游商品转化，带动农业价值链升级。这是按照以工促农、以城带乡、城乡融合、互补共促方向构建新型工农城乡关系的重要路径。但有些城市产业"下乡"进农村可能遭遇"水土不服"，导致发展质量、效益、竞争力下降，不应提倡或鼓励。至于有些产业"下乡"，容易破坏农村资源环境和文化、生态，影响可持续发展。依托这些产业的城市企业"下乡"，不仅不应鼓励，还应通过乡村产业准入负面清单等，形成有效的"屏蔽"机制，防止其导致乡村价值的贬损。

我国各地乡村资源禀赋各异，发展状况和发展需求有别。随着工业化、信息化、城镇化和农业现代化的推进，各地乡村发展和分化走势也有较大不同。在此背景下，推进乡村产业兴旺也应因地制宜、分类施策，在不同类型地区之间形成各具特色和优势、分工协作、错位发展的格局。

（三）加强支撑乡村产业振兴的载体和平台建设，引导其成为推进乡村产业振兴甚至乡村振兴的重要节点

近年来，在我国农业农村政策中，各种产业发展的载体和平台建设日益引起重视。如作为产业发展区域载体的粮食生产功能区、重要农产品生产保护区、特色农产品优势区、现代农业产业园、农村产业融合发展示范园、农业科技园区、电商产业园、返乡创业园、特色小镇或田园综合体、涉农科技创新或示范推广基地、创业孵化基地，作为产业组织载体的新型农业经营主体、新型农业服务主体、现代农业科技创新中心、农业科技创新联盟和近年来迅速崛起的农业产业化联合体、农业共营制、现代农业综合体等复合型组织，以及农产品销

售公共服务平台、创客服务平台、农特产品电商平台、涉农科研推广和服务平台、为农综合服务平台,以及全程可追溯、互联共享的追溯监管综合服务平台等。这些产业发展的载体或平台往往瞄准了影响乡村产业振兴的关键环节、重点领域和瓶颈,整合资源、集成要素、激活市场,甚至组团式"批量"对接中高端市场,实现农业农村产业的连片性、集群化、产业链一体化开发,集中体现现代产业发展理念和组织方式,有效健全产业之间的资源、要素和市场联系,是推进农业质量变革、效率变革和动力变革的先行者,也是推进农业农村产业多元化综合化发展的示范者。以这些平台或载体建设为基础推进产业振兴,不仅有利于坚持农业农村优先发展和城乡融合发展,还可以为推进乡村产业振兴和乡村振兴的高质量发展提供重要节点,为深化相关体制机制改革提供试点试验和示范窗口,有利于强化城乡之间、区域之间、不同类型产业组织之间的联动协同发展机制。

前述部分载体和平台的建设与运营,对于推进产业振兴甚至乡村振兴的作用,甚至是画龙点睛的。如许多地方立足资源优势推进产业开发,到一定程度后,公共营销平台、科技服务平台等的建设往往成为影响产业振兴的瓶颈,对于增加的产品供给能在多大程度上转化为有效供给,对于产业发展的质量、效益和竞争力,往往具有关键性的影响。如果公共营销平台或科技服务平台建设跟不上,立足资源优势推进产业开发的过程,就很容易转化为增加无效供给甚至"劳民伤财"的过程,借此不仅难以实现推进产业振兴的初衷,还可能形成严重的资源浪费、生态破坏和经济损失。在此背景下,加强相关公共营销平台或科技服务平台建设,往往就成为推进乡村产业振兴的"点睛之笔"。

对相关公共营销平台或科技服务平台的建设,通过财政金融甚至政府购买公共服务等措施加强支持,往往可以收到"四两拨千斤"的效果。

(四)以推进供给侧结构性改革为主线,推进农业农村产业体系、生产体系和经营体系建设

推进供给侧结构性改革,其实质是用改革的办法解决供给侧的结构性问题,借此提高供给体系的质量、效率和竞争力;其手段是通过深化体制机制改革和政策创新,增加有效供给和中高端供给,减少无效供给和低端供给;其目标是增强供给体系对需求体系和需求结构变化的动态适应性和灵活性。当然,这里的有效供给包括公共产品和公共服务的供给。如前所述,推进乡村产

业兴旺,应该坚持发展现代农业和推进农业农村经济多元化、综合化"双轮驱动"的方针。鉴于我国农业发展的主要矛盾早已由总量不足转变为结构性矛盾,突出表现为阶段性供过于求和供给不足并存,并且矛盾的主要方面在供给侧;因此,在发展现代农业、推进农业现代化的过程中,要以推进农业供给侧结构性改革为主线,这是毫无疑问的。2017 年中央一号文件和近年来的许多研究文献都已反复强调这一点。2018 年中央一号文件也就"提升农业发展质量,培育乡村发展新动能"进行了重要的决策部署,进一步强调"以农业供给侧结构性改革为主线,加快构建现代农业产业体系、生产体系、经营体系,提高农业创新力、竞争力和全要素生产率,加快实现由农业大国向农业强国转变"。

为了加速构建现代农业产业体系、生产体系、经营体系,我们需要在农业供给侧结构性改革中发挥重要作用。近年来有关研究文献众多,本书将不再详细阐述,而是重点强调积极发展农业生产性服务业和涉农装备产业的重要性与紧迫性。农业生产性服务业作为现代农业产业体系的重要组成部分,扮演着将现代产业发展理念、组织方式以及科技、人才、资本等要素引入现代农业的关键角色,同时也成为增强新型农业经营(服务)主体和提升农业创新力、竞争力的重要途径。根据世界银行世界发展指标(WDI)数据库数据计算,我国农业劳动生产率目前仅为美、日等发达国家的 3%,与发达国家相比差距较大。其中的原因有很多,但我国农业装备制造业的不发达无疑是其中之一,这已经成为制约我国农业质量、效率和竞争力提升的瓶颈。因此,在实施质量兴农、绿色兴农和品牌兴农战略的过程中,我们必须将推进涉农装备制造业的发展和现代化放在突出位置。无论是在农业生产领域,还是在农业产业链的各个环节,这都是至关重要的。通过加快涉农装备制造业的发展和现代化,我们可以进一步提升农业质量、效率和竞争力,从而实现农业的高质量发展和服务兴农战略目标。

当前,许多国内行业处于领先地位的农产品加工企业的设备是从国外引进且国际一流的,但国内缺乏国际一流的设备加工制造和配套服务能力。这就很容易导致国内农产品加工企业的加工设备在引进时居国际一流水平,但很快就沦落为国际二流甚至三流水平。可见,农业装备水平的提高和结构升级,是提升农业产业链质量、效率和竞争力的底蕴所在,也是增强农业创新力的重要依托。随着农产品消费需求的升级,农产品、食品消费日益呈现个性化、多样化、绿色化、品牌化、体验化的趋势,但在我国农业产业链,许多农业装备仍处于以"傻、大、黑、粗"为主的状态,难以满足推进农产品、食品消费个性化、多样化、绿色化、品牌化、体验化的需求,制约农产品、食品市场竞争力和用户体验的提升。

近年来,我国部分涉农装备制造企业积极推进现代化改造和发展方式转变,推进智能化、集约化、科技化发展,成为从餐桌到田间的产业链问题解决方案供应商,也是推进质量兴农、绿色兴农的"领头羊",对于完善农业发展的宏观调控、农业供应链和食品安全治理也发挥了重要作用。要按照增强农业创新力和竞争力的要求,加大引导支持力度。实际上,农业装备制造业的发展和转型升级滞后,不仅影响农业质量、效率和竞争力的提升,在许多行业已经成为影响可持续发展的紧迫问题。如随着农业劳动力成本的提升和农产品价格波动问题的加剧,部分水果、蔬菜,特别是核桃、茶叶等山地特色农业的发展越来越多地遭遇"采收无人""无人愿收"的困扰。广西等地的经验表明,特色农机的研发制造和推广,对于发展特色农业往往具有画龙点睛的作用。推进农业农村经济多元化、综合化主要是发展问题,但在此发展过程中也要注意按照推进供给侧结构性改革的方向,把握增加有效供给、减少无效供给和增强供给体系对需求体系动态适应、灵活反应能力的要求,创新相关体制机制和政策保障,防止"一哄而上""一哄而散"和大起大落的问题。要注意尊重不同产业的自身特性和发展要求,引导乡村优势特色产业适度集聚集群集约发展,并向小城镇、产业园区、中心村、中心镇适度集中;或依托资源优势、交通优势和邻近城市的区位优势,实现连片组团发展,提升发展质量、效率和竞争力,夯实其在推进乡村产业兴旺中的节点功能。

第七章　乡村生态振兴

第一节　着力推进农业绿色发展

新时代推进农业绿色发展,是全面落实绿色发展理念,提升农产品品质,切实保障人民群众"舌尖上的安全"的必然选择。新时代中国农业发展最根本的目标或者出发点,应该立足于为全体中国人提供健康优质安全的农产品。这是关系到中华民族自身健康延续下去的重大战略问题。因此,分析研究新时代农业绿色发展的相关问题,对贯彻落实中央农村工作会议精神,全面实施乡村振兴战略,具有重要的现实意义。

一、新时代农业绿色发展的动因分析

党的十八届五中全会提出的绿色发展理念,特别是随后国家出台的一系列推动绿色发展的政策措施,为农业实现绿色转型发展提供了宏观政策环境;而严峻的农业生产环境形势、日益增长的消费市场需求、日益严格的国际农产品市场准入条件,以及新时代如何进一步增加农民收入等问题,为农业实现绿色转型发展提出了现实需求。

(一)实施绿色发展的政策推动

党的十八大以来,党中央、国务院高度重视经济社会的绿色发展,并做出一系列战略部署,推动了农业绿色发展。但农业主要依靠资源消耗的粗放经营方式没有得到根本改变,农业生产所需的优质耕地资源、水资源配置到城镇和非农产业的趋势依然强劲,农业面源污染和生态退化的趋势尚未得到有效遏制,优质安全农产品的供给还不能满足人民群众日益增长的需求。党的十八届五中全会提出了创新、协调、绿色、开放、共享的新发展理念,以绿色发展理念为导向,推动农业绿色发展,实现资源集约与高效利用,确保农产品质量安全,是全面贯彻习近平新时代中国特色社会主义思想的具体行动。2016 年

中央一号文件《中共中央 国务院关于落实发展新理念加快农业现代化实现全面小康目标的若干意见》明确指出"加强资源保护和生态修复,推动农业绿色发展"。2017 年中央一号文件《中共中央 国务院关于深入推进农业供给侧结构性改革加快培育农业农村发展新动能的若干意见》提出"推行绿色生产方式,增强农业可持续发展能力"的指导方针,以及"推进农业清洁生产""集中治理农业环境突出问题"等重点领域。随后,中共中央办公厅、国务院办公厅又印发《关于创新体制机制推进农业绿色发展的意见》(以下简称《意见》)。《意见》指出,推进农业绿色发展,是贯彻新发展理念、推进农业供给侧结构性改革的必然要求,是加快农业现代化、促进农业可持续发展的重大举措,对保障国家食物安全、资源安全和生态安全,维系当代人福祉和保障子孙后代永续发展都具有重大意义。

为贯彻党中央、国务院决策部署,推动农业绿色发展,原农业部(2018 年改为农业农村部)实施畜禽粪污资源化利用行动、果菜茶有机肥替代化肥行动、东北地区秸秆处理行动、农膜回收行动和以长江为重点的水生生物保护行动等农业绿色发展五大行动,并印发《2017 年农业面源污染防治攻坚战重点工作安排》,提出要按照"重点突破、综合治理、循环利用、绿色发展"的要求,探索农业面源污染治理有效支持政策,要努力把面源污染加重的趋势降下来。这些政策措施有力地推动了新时代农业的绿色发展。

(二)治理农业面源污染的现实需要

农业面源污染作为一种环境问题,具有分散性、隐蔽性、随机性、不确定性、不易监测性和空间异质性等特点。这使得全面治理农业面源污染变得极具挑战性,且具有长期性、复杂性和艰巨性。从行为学视角来看,农业面源污染主要源于化肥、农药、杀虫剂、除草剂等化学品的过量投入及低效利用,以及规模化养殖畜禽粪便的不合理处置等行为。这些不合理的使用和处置方式导致农业面源污染日益严重。从管理学和经济学视角来看,农业面源污染的成因则更为复杂。首先,追求增长的发展观导致农业生产过程中过度依赖化学投入品,从而加剧了农业面源污染。其次,城乡二元经济社会结构使得农业面源污染问题未能得到足够重视。此外,农业面源污染的负外部性、较高的治理成本以及多元化的农户生产行为也是导致农业面源污染的重要原因。为解决农业面源污染问题,需要从源头抓起,加强对化肥、农药等化学投入品的管理,推广绿色、环保的农业生产方式。同时改变城乡二元经济社会结构,加大对农业面源污染治理的投入,优化农户生产行为。

以化肥施用为例,从 1996 年到 2015 年的 20 年间,化肥施用量(折纯量)从 3 827.9 万吨增加到 6 022.6 万吨,增加 2 194.7 万吨,增长 57.33%。同期,氮肥施用量增加 216.27 万吨,增长 10.08%;磷肥施用量增加 184.66 万吨,增长 28.05%;钾肥施用量增加 352.68 万吨,增长 121.78%;复合肥施用量增加 1 440.99 万吨,增长 196.13%。由此可见,农用化肥施用量的增加主要来自钾肥与复合肥的增加。

简单来讲,化肥施用强度是指单位播种面积的化肥施用数量。根据相关统计数据,对不同时期化肥施用强度进行计算,中国农业生产中化肥施用强度呈现出明显的增加态势。从"九五"期间到"十二五"期间,化肥施用强度增加了 98.59 千克/公顷,增长 37.93%。而国际公认的化肥施用强度的安全上限为 225 千克/公顷,这四个时期中国化肥施用强度分别是安全上限的 1.16 倍、1.29 倍、1.49 倍、1.59 倍。对 13 个粮食主产省而言,从"九五"期间到"十二五"期间,农作物播种面积仅增长 7.57%,而化肥施用强度却增长 31.26%,呈现出显著的正向耦合状态。由此表明,中国农业生产依靠化肥投入动能驱动的状况依然没有得到改变。有关资料表明,中国化肥综合利用率在 30%左右,那么,大量流失的总氮总磷等随着地表径流进入水体或者耕地土壤,将会对地下水体、耕地土壤等造成一定的污染,进而影响农产品的品质。

(三)满足消费者生态需求的根本保证

随着人民生活水平的逐渐提高,人民对安全优质农产品的需求日益迫切,这是人民日益增长的美好生活需要的重要组成部分。近些年来,中国经济实现了中高速增长,与此同时也带来了严重的资源破坏、环境污染问题。"保护生态环境就是保护生产力"。针对日益严重的事关国人健康的水、土、大气污染问题,国家相继出台了"水十条""气十条""土十条"。近两年实施的中央环保督察实现了两大根本性转变:一是从环保部门牵头到中央主导的转变,二是从以查企业为主到"查督并举,以督政为主"的转变,这是中国环境监管模式的重大变革,对改善生态环境发挥了巨大作用。党的十九大报告将"防范化解重大风险、精准脱贫、污染防治"并列为全面建成小康社会的"三大攻坚战",就是为了实现高质量发展,更是为了满足人民日益增长的美好生活需要。正如习近平总书记所强调的"良好生态环境是最普惠的民生福祉"。

(四)提升农产品国际竞争力的必然要求

在经济全球化背景下,农产品的国际贸易日益频繁。有关研究表明,中国的农产品国际竞争力正在降低,以土地为代表的自然资源要素密集型农产品基本丧失了比较优势,但劳动密集型农产品依然具有较强的比较优势。随着劳动力成本的进一步提高,其比较优势也会逐渐降低。"绿色壁垒"是近年来国际贸易中出现的与生态环境紧密关联的一种新型贸易壁垒形式,通常表现为绿色关税、绿色市场准入、"绿色反补贴"及"绿色反倾销"、环境贸易制裁等。对农产品而言,一方面是其生产、使用、消费和处理都与环境密切相关,另一方面是世界各国都对其实施了力度较大的保护措施。因此,绿色壁垒必然对国际农产品贸易产生重大的影响。作为传统的农产品出口国,加入世界贸易组织之后,中国农产品面临着更严格的绿色壁垒。对此,需要从正反两个方面进行分析。对农产品进口国而言,制定严格的绿色标准,将不符合其标准的农产品拒之门外,无疑是出于对本国消费者健康的考虑,当然也不排除故意的贸易保护主义。对农产品出口国而言,由于受绿色壁垒的限制,农产品国际贸易将受到巨大影响,削弱了其农产品在国际市场上的竞争力,从而影响农业创汇能力。这就迫切要求农产品出口国必须提高农产品品质,并且逐渐将其标准与进口国相互认可,从而提高农产品的国际竞争力。

实事求是地讲,中国农产品质量在国际市场上的总体竞争力相对较弱,应对绿色壁垒的能力不足,因质量达不到进口国的绿色标准而被退回的事件时有发生。这一方面可能是由于彼此之间绿色标准不一致,另一方面也说明中国农产品质量依然存在一些问题。因此,推动农业绿色发展,提高农产品品质,是全面提升中国农产品国际市场竞争力的必然要求。

(五)增加农民收入的有效途径

进入新时代,我国农业农村发展面临许多新挑战。农业生产方面,主要问题包括粮食供求品种结构失衡,导致产量、进口量和库存量齐增;以及农业经营规模相对较小,带来较高的农业生产成本,影响农民家庭经营性收入。与此同时,农民增收面临机遇与压力,农村居民收入增长乏力。为实现全面建成小康社会战略目标,我们需要实现农民收入的超常规增长。

实现农民收入超常规增长,不仅需要优化传统要素如技术、资金、劳动力、土地的组合,更需要改革创新驱动新兴要素的优化配置。让农业成为有奔头的产业,首先,要实现农业绿色发展,关注优质、绿色、生态、安全的农产品生产,培育农产品品牌,实现优质优价;其次,结合农业绿色发展,大力推广节水节药节肥节电节油技术,降低农业生产成本;最后,引导发展适度规模经营,通过扩大生产经营规模来增加农民收入。在稳定农业生产传统业态的同时,我们需要培育农业发展新业态,拓宽农业增收新渠道,发掘农业多功能价值。例如,培育休闲农业、乡村旅游、创意农业、农村电子商务等新产业、新业态。实现农业绿色发展,是提高农民收入的有效途径。通过培育新产业、新业态,结合农业绿色发展,我们可以为农民增收提供持续稳定的动力,推动农业农村现代化发展。

二、新时代农业绿色发展的路径

新时代,中国农业发展应将为 14 亿国人提供优质安全农产品作为最根本的出发点与目标,要实现这个目标其核心就是要保护水土资源的数量,提升水土资源的质量,以破解实现农产品质量安全所需优质水土资源不足的桎梏,实现农业的绿色发展。

(一)强化对实现农业绿色发展重大战略意义的认识

针对新时代中国农业生产所面临的资源环境形势以及优质安全农产品供应状况,必须以保护水土资源为核心,实现农业绿色发展。这是确保农产品质量安全,真正走向绿色生态的重要举措,也是引领中国现代农业发展的有效途径,更是实现中华民族健康、永续发展的坚实保障。换句话说,保护好水土资源,实现农业绿色发展,不仅仅是保证农产品质量安全的农业生产问题,也是关乎中华民族能否健康延续下去的重大战略问题。当前,对实现农业绿色发展还缺乏战略层面的认识,因此,必须强化对农业绿色发展重大战略意义的认识。只有在战略上重视,才能实现战术上的重视。

(二)坚持绿色发展理念,确保中央各项政策的落实

近年的中央一号文件以及中央农村工作会议都围绕着提升农业发展质量,不仅提出了农业绿色发展的总体战略,而且对农业绿色发展的重点领域及

措施进行了具体部署。特别是党的十八届五中全会提出的绿色发展理念,以及习近平总书记"绿水青山就是金山银山"的理念,为实现农业绿色发展指明了方向。为此,实践中必须以绿色发展理念为指导,从数量和质量两个方面保护水土资源,为农产品质量安全提供资源基础,作为农业绿色发展的核心与关键,真正将中央的各项政策及部署落到实处,为 14 亿国人提供优质安全的农产品,以满足其日益增长的美好生活需要。

(三)完善环保制度,严格环保执法,减少工业企业对水土资源的污染

近些年来,国家对环境保护工作重视程度日益加强,推动了环保制度建设。新时代,保护水土资源,实现农业绿色发展,依然受到工业企业污染的威胁。2016 年,环境保护部印发了《关于实施工业污染源全面达标排放计划的通知》,已制定行业污染物排放标准,或发放排污许可证的行业优先实施,通过重点带动一般,推动工业污染源实现全面达标排放。例如,河北省十三届人大常委会第十六次会议审议通过的《河北省生态环境保护条例》中明确了对重点排污单位违反自动监测和环境信息公开有关要求的处罚、对大气污染物排放重点企业不执行重污染天气应急减排措施的处罚。还规定了生态环境监测机构篡改、伪造监测数据或者出具虚假监测报告的法律责任。但需要注意的是,在达标排放环境规制下,水土资源依然面临被工业企业污染的风险,因为工业企业污染物排放之后,因富集作用导致浓度越来越高,达到一定值后将会对水资源造成污染,导致其质量的下降,进而影响农业的绿色发展。据此,工业企业的排污行为应进一步规范,从而实现总量控制取代达标排放,激励性制度、引导性制度取代限制性制度。同时,严格环保执法,对违反环保法规的企业进行严惩,切实转变过去"以罚代法"的做法,根据所造成的环境污染程度,由企业承担相应的法律责任,并处以重罚。此外,建立中央环保督察的长效机制,以规范政府行为,对盲目决策的领导实行严厉的问责,从根本上杜绝企业的违法违规行为。

(四)采取有效措施,确保耕地数量稳定与质量提升

前面已经提到,耕地资源数量是保障以粮食为主的农产品数量安全的前提。而保护与提升耕地质量则是从根本上实现农产品质量安全的保证。因

此,需要从数量与质量两个方面采取有效措施,以实施耕地资源的有效保护。

1. 以最严格的耕地保护制度,实现耕地资源数量的稳定

在快速工业化、城镇化进程中,对耕地的占用会呈现刚性递增的态势,而且短期内难以实现扭转。耕地资源数量的稳定是保障国家粮食安全的最基本要素,必须严防死守 18 亿亩耕地红线。2017 年 1 月,中共中央、国务院印发了《关于加强耕地保护和改进占补平衡的意见》(中发〔2017〕4 号),对新时期加强耕地保护和改进占补平衡做出全面部署。但调研发现,在全国范围内普遍存在着耕地的无序、违规占用现象,并且呈现逐年增加的态势,导致了优质耕地面积的日益减少,从长远来看将严重威胁到中国的粮食安全。为此,需要依据最严格的耕地保护制度,通过耕地占补平衡、永久性基本农田划定等政策性措施,实现耕地资源数量动态平衡的目的。党的十九大报告指出,要完成生态保护红线、永久基本农田、城镇开发边界三条控制线划定工作,这也是确保耕地资源数量稳定的有效措施。各地区也积极采取相应的措施,如河北省自然资源厅印发的《2023 年耕地保护重点措施》中也指出,要强化耕地用途管制,严格耕地和永久基本农田管控。

2. 建立耕地督察机制,解决耕地资源保护中的违规问题

在耕地保护方面,国家采取了严格划定永久基本农田作为保护优质耕地的一种有效手段,对稳定耕地资源数量,保证耕地资源质量,保障国家粮食安全发挥了很大作用。但在基层调研时发现,在划定永久基本农田过程中,普遍存在着"划远不划近""划劣不划优"等严重问题,特别是在山地丘陵地区,基本农田"上山""下河"、公益林地与基本农田重合等问题尤为突出。此外,在社会经济发展落后地区,违规占用耕地现象依然严重。

3. 保护优质耕地资源的同时,提高耕地土壤的质量

在我国的耕地资源构成中,中等地和低等地面积占据了较高的比例。因此,在保护优质耕地资源的同时,我们需要对中低产田进行改良,提高耕地土壤质量,提升土地生产率,从而确保国家粮食安全。为实现这一目标,我们首先需要从技术层面着手,降低和治理耕地土壤污染。例如,创新水质监测技术,以减少污水灌溉对土壤的污染;大力推进测土配方施肥技术,提高化肥使用效率,降低化肥施用产生的面源污染;并实施作物替代技术,加大对污染土壤的治理力度。其次,需要从制度层面保障耕地活力的恢复。具体措施包括扩大轮作休耕试点,健全耕地休养生息制度,以及建立和完善市场化、多元化的生态补偿机制,从而促进耕地活力的恢复,确保国家粮食安全。最后,要遵循绿色发展理念,通过创新监管体系,规范农业生产资料的生产行为,从源头上解决农产品生产过程中因生产资料投入导致的污染问题。这样,我们既能保障国家粮食安全,又能实现耕地资源的可持续利用,为农业的绿色发展创造有利条件。

(五)加强水生态建设的同时,实现水资源的高效利用

1. 强化水生态治理,提升水资源的保障能力

水生态建设和保护是水治理之本。习近平总书记指出,自然界的淡水总量是大体稳定的,但一个国家或地区可用水资源有多少,既取决于降水多寡,也取决于盛水的"盆"的大小。做大盛水的"盆"是实现水资源可持续利用的根本。为此,应立足于系统论思维,统筹自然生态各种要素,把治水与治山、治林、治田有机结合起来,协调解决水资源问题,提升水资源对农业发展的保障能力。

2. 以最严格的水资源保护制度,确保水资源可持续利用

2012年《国务院关于实行最严格水资源管理制度的意见》提出,要严格控制用水总量、全面提高用水效率、严格控制入河湖排污总量"三条红线",以加快节水型社会建设,促进水资源可持续利用。基层调研发现,中国水资源污染依然相当严重,治理水资源污染任重而道远。为此,应根据最严格水资源管理制度的要求,采取综合管理措施,严格控制水资源管理的"三条红线",以实现水资源的可持续利用和满足农业生产灌溉用水的需求。同时,切实加大水域环境的监测与环保执法力度,切实杜绝工业企业对水资源的污染;在农业生产领域,应从生产投入着手,控制农业面源污染,减少其对水体的污染。

3. 创新农业用水机制,实现农业节水目的

当前,中国农业用水具有很大的节水潜力,应充分采取有效措施,创新农业用水机制,大力推广农业节水。为此,应强化"适地"原则,一是依据不同区域的气候条件、水资源条件等,确定农业节水的重点区域;二是根据重点区域的农业生产状况,注重其节水技术的开发与集成;三是建立不同区域农业用水的机制,以实现农业节水的目的。

（六）创新机制,推动农业绿色发展

在新时代,面对诸多发展挑战,我们需要创新机制以推动农业绿色发展。首先,我们建议设立农业绿色发展特区。这是一个紧迫且重要的战略举措,旨在加速农业绿色化的进程。根据特区内现有的资源基础,我们将制定高起点的农业绿色发展规划,明确发展的核心目标,引领我国农业绿色发展,实现"绿水青山就是金山银山"。其次,我们需要逐步建立和完善农业生态补偿机制。根据农业绿色发展的需求,我们在资源要素、产业、农业废弃物资源化利用等方面逐步建立和完善生态补偿机制,以增加有利于农业绿色发展的制度供给,为农业绿色发展创造良好的制度环境。

第二节　加强农村人居环境建设

农村人居环境直接关乎着农村居民的身心健康和农村经济的发展,影响着城乡一体化实现的进程,更是建设社会主义新农村的重要内容。本节拟从美丽乡村视角来透视农村人居环境建设的历史轨迹和现实境遇,并寻求问题所在,以期为构建良好的农村人居环境提供多方面的建议。

一、农村人居环境建设的历史进程

由于我国农村人居环境建设在特殊国情下进行,因此始终在国家政策的指导下展开并完成。与西方国家相比,我国农村人居环境建设的起步阶段并不算晚。随着我国不同时期的国情变化,农村人居环境建设也经历了较大的波动,其中包括稳定恢复期、初步发展期、缓慢发展期,以及全面快速发展期等各个阶段。具体来说,有以下几个方面的表现:

（一）农村人居环境建设的稳定恢复期

这一时期的我国农村人居环境建设主要是介于新中国成立之后到社会主义改造完成,即 1949—1956 年。鉴于中国古代自给自足的农耕式自然经济,我国古代的农村居住环境大都受"天人合一"的环境思想影响,宅地和庭院成为农村人居环境建设的主要区域,并以村庄聚落的形式存在。然而随着鸦片战争的开始,中国的国门被西方列强强势打开,为了获取更多市场和资源,西

方列强更是不断地压榨农村资源,造成我国农村居民民不聊生、农村经济破败和秩序混乱,农村人居环境遭受前所未有的破坏。加之国内新旧军阀之间的混战,农村居民饱受巨大的煎熬,农村人居环境建设受阻。直到新中国成立,国家深刻地认识到农村建设的重要性,积极开展一系列运动来推动农村经济的发展,农村人居环境也在恢复与稳定发展。在土地方面,国家积极领导农民进行土地改革运动,打破封建式的土地所有形式,实现了耕者有其田的惠民理念;在环境改善方面,国家又领导农村进行了消灭苍蝇、蚊子、老鼠、麻雀的除"四害"运动;在医疗方面,新中国成立之后完善了各种制度,其中就包括与居民切身利益相关的医疗合作制度,正如毛泽东所言,"要把医疗卫生工作的重点放到农村去";在文化方面,国家为了提高广大农村居民的知识文化水平,建立了农村居民广播网、夜校等传播文化的基础设施。这一时期的国家政策确实维护了农村居民的利益,扭转了之前破败的农村人居环境,更为农村人居环境建设起到了推动作用。但由于生产力发展水平有限,农村经济缺乏一定的物质支撑,农村人居环境建设水平依旧很低且存在很多潜在问题。随着社会主义改造的完成,农村经济由个体转向合作互助道路,农村人居环境建设也走向了"政社合一"的集体化之路。

(二)农村人居环境建设的初步发展期

在社会主义改造完成之后一直到改革开放时期,农村人居环境建设步入了初步发展期,即1957—1978年。这一时期由于社会主义改造的完成,社会主义制度在中国基本上确立,社会主义经济制度也由私有制向社会主义公有制模式转变。但这一时期的社会主义经济仍旧是计划经济体制和人民公社占主导地位的经济模式,这对农村人居环境的建设产生重要的影响,具体则表现为"一大二公"和"人民公社"。所谓"一大二公"中的"一大"是指人民公社的规模要大;"二公"是指人民公社化的公有化程度要高。"一大二公"的提出对农村人居环境建设带来极大的影响。由于"一大二公"的提出改变了农村原来的自给自足的个体经济模式,这一时期的农村土地等各种生产资料全部归农村居民集体所有,所有的农村居民劳动也由人民公社集中分配,所有获取的农产品则由人民公社进行调拨和分配,农村居民由之前的自治到现在的集体管理,传统的农村人居环境建设也由之前的农村居民自治式治理转变为由人民公社进行统一指导下的农村居民集体建设模式。这一时期的人民公社式管理对农村人居环境建设产生了重要影响。一方面,人民公社有助于快速地集中各种资源与物质以保障稳定的公共产品供给,同时人民公社是以社为单位,管理效率较高;国家认识到农村居民文化水平对农村经济发展的推动作用,极力构建农村居民文化基础设施以普及知识;再者国家重视农村人居环境建设与农村经济发展之间的关系,在修建大规模的农田水利设施过程中注重保持水土修复,农村居民人居环境得到了很大的改善。另一方面,由于受制于国家的计划经济体制,农村居民的积极性由高涨向消极转变,这对农村经济的发展起到了一定的消极作用。

(三)农村人居环境建设的缓慢发展期

农村人居环境建设的缓慢发展期可以追溯到改革开放之后到 2003 年之前。这一时期我国的经济发展模式已经打破原来的人民公社管理模式,并转变为家庭联产承包责任制的经济发展模式。与人民公社化管理模式不同,家庭联产承包责任制实则以建立家庭联产承包责任为主,实行统分结合的新型集体所有制模式,国家减少了对农村经济等各个方面的干预,并将这些直接性的干预转嫁给当地的政府,由政府引导农村居民管理农村事务。其实,这一政府的转嫁是允许农村居民发展个体经济,农村居民管理农村事务,继而农村人居环境建设的主力也由政府管理转接到农村居民自身。这一时期由于改革开放,社会主义经济飞速发展,改革成果惠及农村、农业、农民,农村居民生活水平得到提高,农村居民科学发展意识也在不断增强,农村人居环境建设更是受到农村居民的重视,农村人居环境越来越好。从国家层面来讲,国家积极投入到人居环境建设之中,在 1979 年颁布了《中华人民共和国环境保护法》,以法的形式保障环境治理,这也为农村人居环境建设提供了强有力的法治保障。同时,国家在 1984 年将 1973 年成立的国务院环境保护领导小组办公室更名为国家环保局,正式纳入国家政府职能范围之内,强化了政府对农村人居环境建设的意识。在农村居民自身方面,随着改革开放的深入,农村居民切身享受到了改革开放的成果,加强了农村科教文卫事业的发展,农村居民生活水平得到提高,身心健康得到很大的保障。然而,这一时期农村人居环境建设“随着社会生产力和人民生活水平的提高,其发展程度与经济社会的协调发展还不相适应,城乡文化发展水平差距也非常大”。为了更快地发展国家经济、提高综合国力,国家一方面把精力投入到提高经济水平上;另一方面把各种资源集中到城市发展之中,从而造成农村经济水平与城市经济水平产生了很大的差距,且农村居民所享受的公共资源和公共产品极为有限,当地政府所能承担的科教文卫事业发展资金也很有限。随着国家户籍制度的放松,农村流失大量的劳动力,农村人居环境建设缺乏必要的执行者,农村环境也遭受巨大的污染而得不到及时的修复,这都造成了农村人居环境建设的滞后与缓慢。

(四)农村人居环境建设的全面快速发展期

这一时期的农村人居环境建设在改革后进入了全面快速发展期,甚至迈入了历史上前所未有的飞跃期,即2003年至今。由于改革开放的多层次、多领域、多方位发展,不管是城市还是农村,尤其是城市经济取得了较为快速的发展。但是城乡差距日益明显,落后的农村经济成为制约国家经济稳定与快速发展的桎梏,更是实现城乡一体化的制约因素,而且这种城乡差距迅速拉大,直接影响着国家社会的稳定。为此,国家于2003年颁布了《国务院关于全面推进农村税费改革试点工作的意见》,并在2005年第十届全国人大常委会第十九次会议决定,从2006年1月1日起正式废止《中华人民共和国农业税条例》,这减轻了农村居民繁重的经济压力,也标志着两千多年的农业税从此消失于历史舞台,至此中国也进入了"以城带乡""以工促农"的农村经济发展新时代。由于国家重心的转移,农村人居环境建设迎来了史上的新高潮。从财政方面,国家加大了对农村财政的支持力度,并且覆盖领域日渐扩大,以缓解农村公共产品、公共服务的短缺问题,加大对农村居民科教文卫事业的扶持,提高农村居民的身心健康和科学文化水平,千方百计提供就业岗位以提高农村居民的收入水平,切实解决由于经济发展所带来的城乡二元制问题和"三农"问题,为农村人居环境建设做了良好的财政支撑。在政策方面,国家更是将中央一号文件聚焦"三农"问题,并召开多次会议研究惠及农村发展的政策,诸如2006年所提出的建设社会主义新农村,且指出其目标在于实现"生产发展、生活富裕、乡风文明、管理民主、村容整洁",并明确提出应当把村庄规划和农村人居环境建设作为社会主义新农村建设的重要任务。随后,又提出了"科学发展观""生态文明""中国梦""美丽中国""美丽乡村"建设战略以及"习近平新时代中国特色社会主义思想",这都对农村人居环境建设起到了很大的推动作用。在民生改善方面,国家投入更大的力度做好民生工作,强化教育、就业、医疗、收入、保险及社会管理的具体惠民措施,尤其是与农村居民切身相关的田地补贴、精准扶贫政策,从而使这一时期的农村人居环境建设迈向了全面快速发展之路。

二、农村人居环境建设中存在的问题

农村地区,人居环境建设经历了从传统的自建模式到人民合作社的集建式,再到新时期政府扶持下的农村居民共建式的发展过程。在不同阶段,农村人居环境得到了显著的改善和提升。大部分农村已经实现了道路畅通、饮水安全、住房稳定、医疗健全等基础设施的建设。此外,部分农村还利用自身的优势条件开发新能源,发展独具特色的旅游项目,加强城乡互助,这既推动了农村经济的发展,也推动了农村人居环境建设的步伐。最突出的成果就是形成了各具特色的"美丽乡村",这些乡村以其示范性引导其他乡村健康发展,使得农村人居环境达到了历史最佳水平。尽管近年来国家对农村人居环境建设的投入加大,农村人居环境建设迎来了历史发展的高峰期,但是由于农村分布的分散性、农村经济的差异性、农村文化习俗的差异性、农村人口的众多性以及国家财政的有限性等因素,我国农村人居环境水平与城市人居环境水平仍存在较大的差距,建设过程中出现了一些需要解决的问题,主要涉及以下几个方面:

(一)农村生态环境破坏形势依旧严峻

由于中国特殊的国情,即起步晚且经济基础薄弱,经济发展成为我国长期以来坚定不移的目标。在这个过程中,部分地区出现了先污染后治理的现象。随着经济的快速发展,城市环境遭受了严重破坏,这种形势越来越严峻,污染和破坏得不到妥善处理,导致城市居民生活环境建设的进程受到阻碍。为了解决这一问题,部分企业将经济发展目标转向农村,加大投资力度。这一举措不仅带动了农村经济的发展,提高了农村居民的生活水平,还极大地改善了农村人居环境。然而,在追求金山银山的过程中,一些地区忽视了绿水青山的重要性,导致农村生态环境遭受破坏,环境污染日益严重。

农村生态环境的破坏,尤其是农村人居生态环境的污染,严重影响了农村居民的身体健康。近年来,由环境污染引发的人类疾病不断凸显,这既增加了农村居民治病的经济负担,也让投入到农村人居环境建设的人力逐渐流失。此外,农村人居环境建设还面临生态环境修复的问题。农村居民拥有大量的农田,国家政府修建了很多惠民的水利工程。然而,这些水利工程在长期使用过程中不同程度上破坏了周围生态环境,忽视了周围环境、水土、草原的修复。这种状况导致了植被破坏和沙漠化现象,使农村居民饱受泥石流、风沙侵害之苦。为了改善农村人居环境,我们应关注环境保护和生态修复,以实现农村绿色、可持续发展。

(二)农村人居环境建设规划有失合理性

很长一段时间内,国家对农村的发展采取了放任式态度,其转变是在城市改革到一定程度的基础上才将发展重心转移到农村建设当中去,所以国家对农村的发展尤其是农村人居环境建设,无论在理论支撑上还是实践指导上都处在不成熟阶段,以致对农村的实际情况把握不准确,出现农村人居环境建设规划有失合理性问题,其中最为典型的就是农村人居环境建设规划跟不上现实实际需求,继而导致规划建成的农村布局杂乱无章、规模较小,周围生活垃圾无法妥善处理,速成的房屋质量无法得到保障。随着国家美丽乡村政策的推行,农村地区开始大规模地建设统一式的农村社区,其表面上确实与农村传统房屋有差别,但周围居住环境并没有多大的改善,农村居民仍旧生活在脏、乱的生活环境之中。再者,农村人居环境建设规划的不合理性还体现在大部分农村规划千篇一律。很多农村都有着自己的独特性和文化差异性。部分农村为了突显规划的统一性而忽视了人文环境,造成了农村资源的浪费以及对农村地域文化的影响。除此之外,随着国家城乡一体化政策的号召,部分农村划入城镇,土地日益减少,大量的农村居民去城市工作,农村劳动力流失趋势居高不下,老弱儿童构成了农村居民的主体,形成了真正意义上的"空心村",农村人居环境建设也就很难继续推行,良好的人居环境很难得到强有力的保障。农村规划不合理导致了农村的乱象,而且这种趋势仍旧存在于当下大部分农村之中,何时能够实现有效的规划还需要因地制宜。

(三)国家财政支撑力度大但欠缺成效性

为了更好地建设农村人居环境,国家在农村经济、教育、就业、住房、医疗、保险以及社会管理等方面投入了大量的财政支出,以解决多年的"三农"问题,这为农村多方面的发展带来了强有力的财政支撑,也为改善农村人居环境提供了良好的条件。然而由于村庄规划的杂乱无章、规模参差不齐、居民分布散乱及农村事务的复杂多样性,这给当地政府处理农村事务带来了一定的困难,出现执行与监督力度不足的问题,进而导致部分国家财政资金并未落实到农村人居环境建设当中去,造成资金流失以及资源的过度浪费,其结果是部分国家扶持的农村人居环境建设惠民工程仍旧无法满足农村居民切身需求,公共产品及公共基础设施匮乏依旧形势严峻。据中国农业大学人文与发展学院所著《2009 中国农村情况报告》一书中的数据显示:在饮水方面,仅有 60% 的农村可以达到安全饮水的标准;在住房方面,农村每年仅有约 2% 的居民进行自主建房,而且住房的条件需要自己去修复与改善,由于常年居住导致农村危房所占的比重已经远远超过了 40%,这为农村人居环境建设带来了挑战;在教育方面,国家一直倡导教育为先、教育为本的理念,每年在城乡教育的投入力度比较大,尤其是越来越重视农村基础教育发展,试图解决上学难的问题,但仅从数据上来看农村居民接受初中教育人数仅占总人数的 23%,这说明农村居民的受教育程度还不是很高,农村教育的落后现状依旧存在;在道路交通方面,由于村庄分布的多样化,农村道路的类型纷繁复杂,尽管很多农村实现了交通畅通,但是柏油路及混凝土道路却仅占总体道路的一半;在医疗方面,为了解决农村看病难问题,国家采取了新农合政策,这改善了农村医疗环境,也减轻了农村居民看病的紧急压力,但是医疗费用高且医疗水平低等问题仍旧存在。

农村人居环境建设面临的困境是多方面的。从经济层面来看,农村人居环境建设滞缓的首要原因在于我国城乡发展的极度不平衡。自新中国成立以来,国家确立了社会主义制度,在农村推行人民合作社,使农村各种资源高度集中,农村经济发展为人民合作社式的集体经济。然而,在改革开放时期,国家为了快速发展国家经济、提高综合国力,提出了经济至上的原则,忽视了国家农业发展。这导致了城市经济发展迅速而农村经济发展缓慢,城乡人居环境建设相差甚远。这种城乡差距在我国实行市场化的经济模式后越来越大,破除城乡二元制经济体制的困境重重。

从政治层面来看,国家近些年来较为重视农村人居环境建设,也相继召开了多次会议并出台相关政策。但由于我国农村自身的特殊性,当地政府在执行国家农村政策时明显张力不足、监督管理滞后,农村人居环境建设受阻,农村居民环境改善变得缓慢。因此,要解决农村人居环境建设的问题,不仅需要改变城乡发展不平衡的状况,还需要加大政策的执行力度和监督管理,以促进农村人居环境的改善。

三、美丽乡村视域下农村人居环境建设的实践推进

"美丽乡村"继承发展了社会主义新农村建设要求,也丰富发展了时代内涵,新时期建设"美丽乡村"的重点则为改善民生、提高居民生活环境水平。现实中的农村人居环境与预想中的"美丽乡村"存在较大的差距,以"美丽乡村"为视角透视农村人居环境建设问题,为进一步改善农村人居环境提供了对策与建议。

(一)优先开展科学规划工作

农村人居环境建设之所以困难重重,其中一个很重要的原因就在于村庄规划的无序性。建设实践活动没有成熟的理论作为先导,当地政府引导下的农村人居环境建设存在盲目性。因此,必须要优先开展科学规划工作,为农村人居环境建设提供必要的准备。

第一,需要合理建设与科学规划。不同于城市人居环境建设,农村人居环境建设是在改革开放以后进行的,所以相对来说,比城市人居环境起步得晚,对于农村人居环境建设的经验相对匮乏,这就需要融合理论与实践,制订科学且行之有效的农村环境建设规划,使得整个农村人居环境建设过程有理有据;第二,应当因地制宜、逐渐推进。部分地区村与村之间,方方面面都存在一定的差异,所以在农村人居环境建设当中,不能千篇一律地进行,要因地制宜,不能一味地追求速度,不要求质量,应当循序渐进地进行,通过走访调查听取农村居民的建议,依据农村居民的需求,科学地制订具体规划。第三,保护农村生态环境、修复农村绿水青山。生态环境破坏是农村人居环境建设过程中面临的一个重要问题,它是农村经济发展的产物。生态环境的破坏势必影响农村居民的身心健康和日常生活,因而我们坚决不走之前先污染后治理的老经济发展道路,必须深刻树立环境保护意识,时刻做到环境保护预防为主、防治结合、综合治理,归还农村绿水青山。

(二)强化政府职能发挥

在农村人居环境建设的进程中,政府的作用举足轻重,其职能的充分发挥对农村人居环境的改善具有直接影响。农村人居环境建设的进展缓慢,与政

府监督和管理的不足有直接关系。一是需要明确政府的职能权限，避免职能混乱。在高度集中的计划经济时期，政府权力过于集中，导致权责错乱，这严重阻碍农村人居环境建设的步伐。因此，政府必须清晰自己的职能权限，协调乡镇政府之间、乡镇政府与村委会之间的权责关系，赋予乡镇政府更多的权力，打造真正的服务型政府。二是需要加强与相关部门的沟通。农村人居环境建设不仅涉及政府部门，还涉及国土、环境、社会保障、城市规划及医疗等相关部门，农村人居环境的建设需要政府协调好与这些部门之间的关系。三是需要提高监督管理能力，建立激励机制。相较于城市人居环境建设中相关的政府监督管理体制，农村人居环境建设监督管理体制的构建明显滞后甚至空白，这使农村人居环境建设缺乏必要的制度保障，因此完善农村人居环境建设中相关的政府监督管理体制非常必要。同时，还需要加大对相关人员的培养和培训，高素质的政府人员对农村人居环境建设可以提供有力的人力支持。四是政府需要建立激励机制，对在农村人居环境建设中做出贡献的个人或集体给予一定的奖励，以达到引领示范的作用，促使农村居民自觉参与人居环境建设。作为执行与监督部门，政府在农村人居环境建设中扮演着关键角色，必须明确权责范围，做好分工。

（三）规范农村区域投资方式

为了解决"三农"问题以及建设社会主义新农村，各级政府每年都会加大农村资金投入，虽然对农村经济发展起到了积极的促进作用，也在一定程度上改善了农村居住环境，但是却无法从根本上解决这些问题，农村居民作为农村的主力，无论是发展农村经济，还是完善农村人的居住环境，关键在于农村居民本身，农村居民是实现农业经济发展的重要因素，也是完善居住环境的关键因素。只有农村经济发展水平提升了，才会有更多的精力，放在农村居住环境建设上，也会有更多的资金投入到居住条件改善方面，如果无法解决农村最基本的温饱问题，何谈农村居住环境建设。因此，农村经济想要实现全面发展，关键在于农村的投资方式。

农村的投资方式主要是指外来的投资方式以及农村自身的投资方式，投资金额很大程度上关乎着农村人居环境建设的进度，是改善农村人居环境的前提条件，也是改善农村人居环境的关键。对于农村经济发展，一方面各级政府应当鼓励一些有着绿色生产技术的企业入驻农村，并对这些企业给予政策上的支持;另一方面,实现机械化农业生产,机械化农业生产不仅能够大大提高农业粮食生产产量,很大程度上也能够降低农村投入成本。就农村外来投资方式而言,部分农村为了追求经济的发展,对于农村外来投资方式,没有进行严格筛选,这使得部分企业严重破坏了生态环境,更在一定程度上严重影响了农村人的居住环境,这时就需要当地政府以及当地农村居民,对于外来投资方式进行严格筛选,综合进行评估,从根源上进行考察筛选,才能够避免给农村生态环境带来污染问题。

(四)加强农村居民主体性建设

农村人居环境的主要主体是农村居民,因此,加强农村居民主体性建设是十分有必要的,具体主要涉及以下这几个方面:第一,完善农村各项基础设施。农村居民主体性建设离不开各项公共基础设施与公共服务,改善农村教育、医疗、保险等公共方面,给农村居住环境的改善奠定良好的基础,这就需要各级政府不仅要加大政策上的支持,还要加大财政上的支持,给农村创造良好的人居条件。第二,提高居民文化素养。在我国农村,大多数农村居民文化水平较低,尤其是偏远的农村,居民的文化水平普遍较低,教育资源严重匮乏,因此,各级政府应当加大农村教育财政上和政策上的支持,尤其是偏远地区的教育,这很大程度上能够改善农村的教育条件,对于提高农村居民文化素养有着重要意义,也是农村人居环境建设的重要保障。

第三节　重视乡村生态环境保护

良好的生态环境是乡村振兴的最大优势和宝贵财富,因此,必须尊重自然、顺应自然、保护自然。推动乡村生态振兴,除了要坚持绿色发展,更要加强乡村生态环境保护,构建乡村生态环境保护体系,打造农民安居乐业的美丽家园。

一、增强乡村生态环境保护的使命感

乡村生态环境与人们的生活息息相关,实现人与自然和谐共生的自然场景,需要全面解决"三农"问题,乡村生态环境与"三农"问题紧密相关,应当将乡村生态环境保护贯穿于"三农"工作全过程,乡村生态环境保护对于"三农"

工作的处理将具有重要意义,尊重大自然原生态,顺应自然的发展规律,保护生态环境刻不容缓,是每个公民的责任。优先发展绿色农业,坚定不移地走农业绿色发展路线,对于农村生态文明建设将具有重要意义,从而促进农业高质量发展。良好的生态环境,不仅普惠民生,还在一定程度上造福众生,要深刻牢记这种普惠民生福祉的宗旨与精神,加大力度着重于解决农村较为突出的一系列生态环境污染问题,为优质生态产品奠定良好基础,给人们提供更为优质的生态农品,从而满足人们对于美好生态环境的向往。要牢记山水林田湖草是生命共同体的显著特征,通过各项严谨治理措施,来实现人与自然和谐共生的自然场景。

二、构建乡村生态环境保护的制度体系

乡村生态环境不仅关系着农村居民的生活质量,还关乎着农业经济的可持续发展,与农业生产紧密相关,因此,构建完善的乡村生态环境保护制度体系是十分有必要的,不断完善农业生产力布局,全面落实农业各项机制制度的实施,倡导节约农业水资源,因地制宜地开发当地资源。严密布控工业生产与城镇污染问题,尤其是工业生产所产生的污染问题,对于生态环境造成了严重影响,也在很大程度上影响了农村居民的生活质量,构建有效的农业农村污染治理机制,加大农业农村环境治理力度刻不容缓,尤其是农村居住环境与农业环境的治理尤为重要,大大影响着农产品的生产,推进农业减量化生产对于实现绿色优质产品,具有十分重要的意义。全面倡导产业模式生态化,优先推进清洁化生产,推崇废弃物资源化利用,通过各种防治措施改进农业农村生态环境保护不足之处。

三、推进农业绿色发展的重大行动

推进化肥减量增效。实施果菜茶有机肥替代化肥行动,支持果菜茶优势产区、核心产区、知名品牌生产基地开展有机肥替代化肥试点示范,引导农民和新型农业经营主体采取多种方式积极施用有机肥,集成推广化肥减量增效技术模式,加快实现化肥使用量负增长。推进农药减量增效,加大绿色防控力度,加强统防统治与绿色防控融合示范基地和果菜茶全程绿色防控示范基地建设,推动绿色防控替代化学防治,推进农作物病虫害专业化统防统治,扶持专业化防治服务组织,集成推广全程农药减量控害模式,稳定实现农药使用量

负增长。

推进畜禽粪污资源化利用。根据资源环境承载力,优化畜禽养殖区域布局,推进畜牧大县整县实现畜禽粪污资源化利用,支持规模养殖场和第三方建设粪污处理利用设施,集成推广畜禽粪污资源化利用技术,推动形成畜禽粪污资源化利用可持续运行机制。推进水产养殖业绿色发展,优化水产养殖空间布局,依法加强养殖水域滩涂统一规划,划定禁止养殖区、限制养殖区和养殖区大力发展池塘和工厂化循环水养殖稻渔综合种养、大水面生态增养殖、深水抗风浪网箱等生态健康养殖模式。

推进秸秆综合利用。整县推进秸秆综合利用试点,积极开展肥料化、饲料化、燃料化、基料化和原料化利用,打造深翻还田、打捆直燃供暖、秸秆青黄贮和颗粒饲料喂养等典型示范样板。加大农用地膜新国家标准宣传贯彻力度,做好地膜农资打假工作,加快推进加厚地膜应用,研究制定农膜管理办法,健全回收加工体系,以西北地区为重点建设地膜治理示范县,构建加厚地膜推广应用与地膜回收激励挂钩机制,开展地膜生产者责任延伸制度试点。

四、着力改善农村人居环境

加强优化村庄规划管理,推进农村生活垃圾、污水治理,推进"厕所革命",整治提升村容村貌,打造一批示范县、示范乡镇和示范村,加快推动功能清晰、布局合理、生态宜居的美丽乡村建设。发挥好村级组织作用,多途径发展壮大集体经济,增强村级组织动员能力,支持社会化服务组织提供垃圾收集转运等服务。同时调动好农民的积极性,鼓励投工投劳参与建设管护,开展房前屋后和村内公共空间环境整治,逐步建立村庄人居环境管护长效机制。学习借鉴浙江"千村示范、万村整治"经验,通过试点示范不断探索,积累经验,及时总结推广一批先进典型案例。

五、切实加强农产品产地环境保护

强化污染源头的控制,与相关部门协同开展重金属企业的排查工作,严格执行环境标准,防止重金属污染物进入农田。同时,加强灌溉水质管理,严禁工业和城市污水直接用于农田灌溉。进行耕地土壤污染状况的详细调查,实施风险区域加密调查和农产品协同监测,更深入地了解耕地土壤污染状况,并明确耕地土壤污染防治的重点区域。在详查和监测耕地土壤污染的基础上,将耕地环境质量划分为优先保护、安全利用和严格管控三个类别,实行耕地土壤环境质量的分类管理。以南方酸性土水稻产区为重点,根据区域和作物品种的不同,建立受污染耕地的安全利用试点,合理利用中轻度污染的耕地土壤生产功能。广泛推广低积累品种替代、水肥调控、土壤调理等安全利用措施,推动受污染耕地的安全利用。对重度污染的耕地实施严格管控,划定农产品禁止生产区,进行种植结构调整或退耕还林还草。扩大污染耕地的轮作休耕试点,持续实施重金属污染耕地的治理试点。

六、大力推动农业资源养护

加快发展节水农业,统筹推进工程节水、品种节水、农艺节水、管理节水、治污节水,调整优化品种结构,调减耗水量大的作物,扩种耗水量小的作物,大力发展雨养农业。建设高标准节水农业示范区,集中展示膜下滴灌、集雨补灌、喷滴灌等模式,继续抓好地下水超采区综合治理。加强耕地质量保护与提升,开展农田水利基本建设,推进旱涝保收、高产稳产高标准农田建设。推行耕地轮作休耕制度,坚持生态优先、综合治理、轮作为主、休耕为辅,集成一批保护与治理并重的技术模式。加强水生野生动植物栖息地和水产种质资源保护区建设,建立长江流域重点水域禁捕补偿制度,加快推进长江流域水生生物保护区全面禁捕,加强珍稀濒危物种保护,实施长江江豚、中华白海豚、中华鲟等旗舰物种拯救行动计划,全力抓好以长江为重点的水生生物保护行动。大力实施增殖放流,加强海洋牧场建设,完善休渔禁渔制度,在松花江、辽河、海河流域建立禁渔期制度,实施海洋渔业资源总量管理制度和海洋渔船"双控"制度,加强幼鱼保护,持续开展违规渔具清理整治,严厉打击涉渔"三无"船舶。加强种质资源收集与保护,防范外来生物入侵。

七、显著提升科技支撑能力

随着科技的不断发展,科技为农业注入了新的力量,逐渐凸显出绿色导向,涌现出以农业科技为支撑的绿色技术,绿色技术的优势在于可以逐渐实现低耗能、节省成本、安全、循环使用等优势,这对于农业绿色发展将具有重要意义。在这个过程中,要不断完善农业科技资源布局,着重于加强农业生态文明建设。依靠国家各种形式的科技创新联盟,将三大资源要素进行一定的整合,所谓的三大资源要素,实际上是指技术、资金、人才,整合的目的是进行产学研联合攻关,合理解决农业生态污染问题,攻克农业污染技术瓶颈。全面推进农村生态环境技术与现代化产业体系的有效衔接,从根本上解决农村生态环境问题。与此同时,倡导节约农业农村资源,公布具有引领性的重大环境保护技术,并将这些技术公开化展示,从中推选出一批既绿色环保又节本增效的核心技术,作为农业农村主推技术。

八、建立健全考核评价机制

实现农业农村经济大发展,首先,应当将农业生态环境保护放在首位。农业生态环境不仅关乎着农业生产效率,更关乎着农业经济的增长,各级农业农村部门要尤为重视,组织相关管理人员将农业农村经济的各项工作任务落实到位,明确分工的同时,也要实行责任到人,完成党中央的各项部署任务,将部署任务真正落到实处。其次,还要定期深入乡村基层开展教育培训工作。向广大农民群众宣传环境保护的重要性,倡导资源节约,提高农民群众环境保护与资源节约的意识,从而有效提升农民群众的主动性与自觉性,积极地参与到环境保护与资源节约当中,这要求全面做好农业污染源普查工作,全面掌握农业污染的情况,了解农业面源污染的变化与趋势,摸清农业具体的污染源,将环境污染监测网络进行全面覆盖,紧紧围绕着污染防治目标,依靠强大的环境污染监测网络数据,建立完善的农业污染防治考核机制,并将其纳入污染治理工作绩效考核当中,与污染治理工作相挂钩。与此同时,不断探索促进农业绿色发展的新路径,构建完善的绿色发展指标体系,定期开展多部门联合稽查工作,实时督查农业绿色发展的进度与情况,督查范围大到严重的农村污染问题,小到农村环境居住问题,并为此建立健全的评价与考核机制,实行工作责任制,从而将工作落实到位,并且要奖惩并施,对污染治理不力的地区实行惩罚制度,对治理较有成效的地区实行奖励机制,予以大力支持与鼓励。

第八章 乡村文化振兴

第一节 乡村文化的历史轨迹与政策演变

中国是一个文明古国,乡村文化具有丰富的内涵。本节在描述乡村文化历史轨迹的基础上,重点对乡村文化的政策演变进行梳理。

一、乡村文化的历史轨迹

文化有着丰富的含义。广义的文化包括价值、道德、习俗、知识、娱乐、物化文化(如建筑等)等,狭义的文化主要包括知识、娱乐等,但贯穿价值、道德、习俗等思想元素。总体上看,文化属于观念形态,是对人的精神的塑造。文化具有特殊的力量,能够提升人的认识,形成相互联结的精神纽带;能够凝聚人心,在共同的文化活动中消解困顿,赋予生活以意义、价值和快乐。中国有着数千年的农业文明传统,并创造了灿烂的农业文明。在漫长的农业文明时代,整个社会是一个以乡土为根基的社会,社会的精神文化体系是以乡土为基础形成的。无论人们走多远,位多高,其"根"在乡村,"魂"在家乡。费孝通先生将传统中国称为"乡土中国"。"乡土中国"的含义不仅仅在于农业生产,还在于整个社会以农为本。社会的农本价值系统为人们生活在农村提供了行为理据,使得人们只有生活在乡村才能寻找到人生的终极目的和意义。与此同时,乡村创造各种各样的文化活动,人们在极具乡土气息的文化活动中,获得辛勤劳作后的快乐,身心得到一定程度的愉悦,乐以忘忧,从而延续自己从事农业生产的人生。从华中师范大学中国农村研究院的"深度中国调查"看,传统农村有着丰富的文化生活形态。总体上,乡村文化为乡村生活赋予了价值和乐趣,使得人们愿意在乡村生活和劳作,形成了安于农村生活的习俗,由此创造了丰富灿烂的农业文明。美国的中国学家费正清对此有深刻感受,在他看来,"对一个享有较高物质生活水平的美国人来说,使他感到惊异的是中国农民在这样困苦的生活条件下,竟能维持一种高度文明的生活。问题的答案在于他们的社会习俗,这些习俗使每个家庭的人员按照根深蒂固的行为准则经历人生的各个阶段和变迁。这些习俗和行为准则,一向是世界上最古老而又最牢固不变的社会现象"。

自 20 世纪起,我国迅速步入现代化发展轨道。在这一过程中,城市成为中心,与蓬勃发展的大城市相比,农村逐渐衰弱。马克思的观点是城市已经展示人口、生产工具、资本、享受和需求的集中,而乡村呈现出的完全相反的情况是隔绝和分散。列宁则认为,在工业化时代,城市是经济、政治和人民精神生活的核心,是发展的主要推动力。在工业化、城市化的影响下,城乡地位发生了转变,乡村的衰落不仅体现在物质层面,更体现在精神文化层面。乡村的"失落"和农本价值观的瓦解是其重要特征。曾经在传统社会具有优越感的乡村,如今却被视为"落后",被归入问题的范畴。

20 世纪上半叶,梁漱溟先生对城市化进程中乡村的衰败深感忧虑。他认为当时农村问题的根本原因是"文化失调"。都市导向导致传统的风俗习惯和道德规范这一中华文明的基础受到破坏。都市化可能会使中华文明"失去根基"、"失去灵魂"和"失去血液"。只有复兴"以农立国"的中华文明,进行文化重建,才能为解决农村问题寻找一条出路。因此,他提出了乡村建设的理念,其基本任务是依靠乡村自治,创造一种以理性和伦理为基础的新团体组织,从而推动经济、政治和社会的全面进步。

在世界工业化、城市化的大趋势下,梁漱溟先生的主张显然不合时宜,他的实践屡屡受到挫折,他本人也为之叹息:"工作了九年的结果是号称乡村运动而乡村不动。"但是,梁漱溟先生对于工业化、城市化进程会造成农本价值的解体,农村农民被遗弃,农民难以在乡村生活中获得价值、意义和乐趣的担忧是值得重视的。他希望通过文化重建,重建乡村价值和乐趣的思路也是有积极意义的。1949 年新中国成立后,大规模工业化得以启动,他还建言献策,不能在工业化进程中忘记了农村,忘记了农民。

20 世纪后期,中国历经艰难曲折,终于解决了十多亿人的温饱问题,从而步入大规模和快速度的工业化、城市化进程。这一进程无疑使包括广大农民在内的全体中国人都从中受益。但在工业化和城市化进程中,城乡差别日益突出,农业农村农民问题成为全面建成小康社会的短板。问题体现在多个方面,其中一个重要方面是既有的精神文化系统难以为愿意在农村生产和生活的人提供足够的意义感、幸福感和快乐感。面对现代化的城市崛起,农村不再是一个充满希望和快乐的地方,而只是不得已的栖息之地。

当下,大量年轻人"义无反顾"地离开乡村,走向城市。其重要原因是缺乏"义"。在乡村务农除了收入不高以外,更重要的是会被认为"没本事""没能耐"。根据笔者及所在机构的调查,当下农村的性别结构严重失衡,大量青年女性奔向城市、落户城市,农村青年男性娶妻难,只能背井离乡脱离土地。一部分外出务工人员返乡后最不适应的是文化的匮乏和心灵的荒芜。他们返乡是一种不得已而为之的行动,但凡有机会有条件,便不会像其先辈那样自愿"叶落归根"和向往"回归乡里"。

老年人务农和居住于农村在全世界是一个普遍现象,但农村老年人对自己社会地位的评价则低于城市。据 2011 年华中师范大学中国农村研究院的抽样调查,农村老年人认为自己社会地位低的比例达到 22.6%,城市则仅为7.2%。这就意味着相当一部分的农村老年人仍然在农村生活是属于不得已的选择。与此同时,农村分散,青年人大量外出,老年人没有昔日"儿孙绕膝"的乐趣,最害怕精神孤寂。文化本是将老年人联结在一起的最好纽带,但由于缺乏文化纽带,老年农民找不到生活的价值,不能通过共同的文化活动忘记日常生活的失落。

党的十九大提出乡村振兴战略,是解决工业化和城市化进程中城乡差别的重要举措。而城乡差别不仅在于物质差别,更在于文化落差。要振兴乡村,首先得振兴人的精神文化。因此,在乡村振兴中,文化振兴比任何时候都更为紧迫。近些年,习近平总书记高度重视农村农民问题,非常关注乡村的价值,提出要记得住"乡愁"。2018 年 3 月习近平总书记第一次提出乡村文化振兴的理念,具有很强的针对性,是对乡村振兴战略的深度思考,反映了现阶段中国农村精神文化领域面临的突出矛盾。一是农村初始改革主要解决的是吃饭问题。随着物质生活由温饱到小康的转变,文化小康提上议事日程。在绝大多数农村人口解决温饱以后,存在的问题是物质生活与文化生活之间的不对称,以及物质获得感与文化获得感的不均衡。在相当多的地方,人们富了口袋,穷了脑袋。总体上看,随着物质生活的改善,农村人口对美好文化生产的需求在迅速增长。2013—2016 年,全国城镇人均文化消费从 945.7 元增长至1 268.7 元,人均绝对值增量 323 元,年均增长率 10.27%;全国农村居民人均文化消费从 174.8 元增长至 251.8 元,人均绝对值增量 77 元,年均增长率13.86%。近些年电影发行的主要增长地域是县乡,小城镇青年成为重要消费群体。二是原有的乡村文化体系所依托的条件发生了变化。传统乡村社会的意义感在于有一整套文化体系及其依托。如集体化时代,集体劳动、集体娱乐,虽然物质贫穷但有文化赋予的存在意义。农村改革以后,实行分户经营,集体公共文化供给缺乏物质基础和组织依托。人们难以通过集体文化消解家户经济单位内生的冲突和矛盾。根据调查,物质生活的获得感与精神文化生活的幸福感并不是绝对对称的。在许多西部地区,尽管物质生活相对贫困,但长期历史传承的共同体的文化生活为人们的生活提供了幸福感和快乐感,社会心理问题不甚突出。相反,在长江区域的典型的家户生产地域,物质条件大为改善,但集体性的文化活动欠缺,农民的心理问题则更为突出。三是人们对文化生活的需要更为丰富。在物质匮乏时期,人们的文化生活相对简单。随着物质生活的充裕,人们的精神文化生活需要增多,且更为丰富。当今的农村人口质量正在发生历史性的变化。义务教育普及使得农村人口有了相当程度的知识水平,全球化使得农村成为"全球村",农村进入信息社会,农村人口的视野前所未有地开阔,其文化生活需要迅速地丰富。根据一份调查,农村文化生活需求居首位的是建公园或广场,其重要原因是城市流行的广场舞已迅速向乡村蔓延。

应该看到,在相当长的时间里,城乡差别还会存在,乡村振兴是一个长期努力的战略目标和系统工程。在推进乡村振兴战略过程中通过文化振兴,满足人们日益增长的美好文化生活需求,为人们愿意在乡村劳作和生活提供意义感、幸福感和快乐感,可以稳住人心、稳住人口,使得农村有吸引力和凝聚力,从而为乡村振兴创造主体条件。近年来,春节期间大量人口由城市到农村,重要因素之一是农村更有集体喜庆的"年味"和群体性记忆的"乡愁"。这说明,在城乡差别长期存在的当下,乡村文化振兴具有一种特殊的力量,能够缓解甚至化解因为物质条件差别造成的乡村生活的意义感、幸福感、快乐感的缺失问题。

二、乡村文化的政策演变

(一)农村文化发展定位的演变

寻找关键词是文件文本分析方法的重要方面。词频作为文本挖掘的常用加权技术,是某一个给定的词语在文件中出现的次数。词语的重要性与它在文件中出现的次数成正比。以"文化"作为关键词检索,20个中央一号文件平均频次为6,2018年频次最多,为33。有3年的文件频次为0:一个是农村经济主题,一个是农村水利主题,一个虽没有出现"文化"词条,但论及了精神文明、思想道德等。2006年、2008年、2015年、2016年、2018年这5年的中央一号文件都安排了专章论述农村文化,从字词、语句到段落、章节,反映了党和政府一以贯之的对农村文化发展的关注。

中央一号文件这类政治文件,"有两个特点:第一,它处置的是政治生活中的重要议题;第二,它为政府行政确立了基本的指导路线或方针"。这也是我们下面分析政策文本的遵循。

农村文化的政策定位直接关系农村文化的发展方向和发展趋势。考察农村文化发展定位的演变,有三个维度:一是农村文化定位与国家文化政策的关系,二是农村文化定位与国家"三农"政策的关系,三是农村文化定位与城市文化政策的关系。

1. 农村文化作为农村社会主义精神文明的一部分

在20世纪80年代初,4个中央一号文件强调农村文化政策的思想政治意识形态特征,这与当时国家主要以精神文明建设为指导的文化建设政策相吻合。在这一时期,社会主义精神文明建设理论体系逐渐形成,文化的意识形态属性和道德感化功能受到了重视。同时,提高人们的思想道德素质和科学文化素质成为了培养人才的主要目标。然而,在这一时期,农村文化的主体性并不明显,人们过于关注文化的意识形态属性,而忽视了文化的其他方面,如经济属性和软实力作用。1995年,在精神文明建设的背景下,新型农民的培养目标和其他人群的"四有"新人仍然侧重于意识形态和思想道德方面的要求。直到2006年,中央一号文件才将新型农民的培养目标调整为"有文化、懂技术、会经营",这一改变体现了行业性和时代性。这意味着,除了具备意识形态和道德素质外,新型农民还需要具备一定的科学文化知识和实用技能,以适应社会经济发展的需要。

党和国家的文化自觉与自信是从20世纪90年代逐步提出来的。1991年,"中国特色社会主义文化"概念首次提出。1997年,党的十五大报告指出,文化相对于政治、经济而言,精神文明相对于物质文明而言。"中国特色社会主义文化"就其主要内容来说,同改革开放以来我们一贯倡导的社会主义精神文明是一致的。2000年,"三个代表"重要思想的提出,更是把文化发展提高到党的建设的战略高度加以认识。从那时起到现在,不论是"政治、经济、文化"三位一体,还是"政治、经济、文化、社会"四位一体、"政治、经济、文化、社会、生态"五位一体,文化建设始终是党和国家治国理政总体布局的重要一环。文化建设的重要性在各种文件中被反复强调,在如此强力政策的推动下,文化发展从部门行为上升为政府行为,文化建设从局部工作上升为事关全局的重要工作。另外,不论是过去新农村建设的总体要求,还是当前乡村振兴战略的总体要求,"乡风文明"始终没有改变。

2. 农村文化作为农村社会事业的一部分

纵观我国 40 年的农村改革与发展,大概经历了四个历史时期:一是 20 世纪 80 年代农村全面改革时期,二是 20 世纪 90 年代"三农"问题时期,三是 21 世纪前 10 年的城乡统筹发展时期,四是当前向现代农业转型阶段。将 20 世纪 90 年代的农村文化发展政策放在这个大的时代背景下,我们就观察得更加清晰了。

文件政治反映了高层治国理政的政策风向标。从 1987 年开始到 2003 年连续 17 年没有出台有关"三农"的中央一号文件,因为当时中国改革的重心全面转向城市,开启了农村、农业让位城市、工业的时期。20 世纪 80 年代农村改革开放了巨大活力,农村经济得到全面繁荣,广大农民在党的领导下表现出可贵的创业革新精神,我国农村发生了历史性变化。到了 20 世纪 90 年代中期,当大家都以为"三农"问题不是问题的时候,农民的获得感日益减少。尽管国家财政收入在不断快速攀升,但包括公共产品和公共服务等各级政府的财政投入都在县城以上,农村不仅没有什么投入还要征收各种名义的税费以养活县乡干部支持城市发展。"三农"问题成为全社会公认的头等问题,直到高层领导做出在工业化初始阶段,农业支持工业、为工业提供积累,在工业化达到相当程度以后,工业反哺农业、城市支持农村,实现工业与农业、城市与农村协调发展的"两个趋向"判断,中央对农村政策及时做出"多予少取放活"的调整以及建设和谐社会的政策导向后,"三农"问题才得以缓解。这一时期,党和国家农村文化政策在意识到农村社会主义精神文明已不适应新要求后,于 2005 年提出了农村文化建设的主要任务和基本目标,但政策效应不高。那时的顺口溜"文化说起来重要,做起来次要,忙起来不要"也可侧面反映农村文化遭受的冷遇。

现实生活中,乡镇文化专干在机构改革中或因指标撤销,或专干不专。从

21 世纪几个中央一号文件对新增事业经费主要用于发展农村文化的政策内容,也能反观 20 世纪 90 年代农村社会事业经费的历史欠账。

从理论分析看,文件政治行政成本高而行政效率低,基层政府以文件落实文件、以会议落实会议等形式主义作风,把那些需要真抓实干的行政任务置于次要位置甚至边缘化,不仅败坏了党风政风,而且消解了文件预期效果。因为文件治理是以基层行政作为载体,是政治权力和行政权力覆盖基层社会的全能主义治理方式。其作用基础是确立在国家与社会一体化结构和社会的同质性上,但随着市场化改革,农村基层社会关系发生了结构性的变化和异质化的改变,因此文件治理的功能和作用就出现逐步弱化直至不起作用的情况。

3. 农村文化主体性构建

随着教科文卫已经将农村文化单列出来,与农村经济、农村生态等并行,这就意味着农村文化已经摆脱了来自方方面面的束缚,完全不再受任何约束。在农村文化建设中,以往只是通过外部输入方式来不断推动农村文化建设,曾在 1984 年时,国家政府就下发过重要文件,提出秉承着互惠的原则,凡是设在农村的任何企事业单位,都要与农民建立良好的、密切的关系,通过各种方式满足当地农民各种需求,为他们提供一系列所需要的服务,为农村建设做出应有的贡献,共同建设乡村物质文明与精神文明,为工农联盟奠定良好的基础,从而促进产品生产发展。直到 20 世纪 90 年代初,为了充实农村文化,补充不足之处,有关部门联合发起了"文化下乡"活动,随着文化下乡活动的不断推进,逐渐形成了一种机制,这种机制旨在城市支援农村,这也是农村文化建设过程中,十分重要的外部力量。

农村文化建设,送文化从根本上完全不能解决问题,想要从根本上解决问题,种文化才是唯一的路径。所谓的种文化,其实就是指在农村内部建构文化,这离不开农民的主体作用,农业生产力是农村文化建设的基础,依托于农村自然环境条件,逐渐形成集文化与生产为一体的农村文化产业体系,借助互联网与高科技的力量,实现农村文化的转型,转型成为现代文化。农村文化不仅有社会主义的烙印,还承载着中华历史文明,同时还散发着浓厚的乡土气息,不同于城市的消费文化方式,农村文化通过互联网与科技的革新,为乡村文化开辟了新的发展空间,彰显出了无穷的文化魅力,来迎接这个崭新的时代,向这个时代展现别具特色的风采。

(二)中央一号文件中农村文化政策关注的重点

中央一号文件每年都聚焦一个问题,都是当年中央最关注以及最迫切需要解决的问题。梳理这些政策关注的重点,可以准确把握顶层设计的政策表达和政策信号,以求党和国家对农村文化发展规律的认识与理解的内在逻辑。这里借用政策文献计量共词分析法,以 20 个中央一号文件关键词为对象分析农村文化政策的主题变迁。

1. 牢牢把握乡风文明意识形态领导权

乡风文明是乡村振兴的灵魂所在。意识形态决定文化的前进方向和发展道路。对农村文化发展方向的引导一直是中央一号文件关注的重点,从 20 世纪 80 年代到当下持续出台政策用社会主义道德引领农村社会风尚,农民住上了好房子、过上了好日子,还要注意养成好习惯、形成好风气,用社会主义核心价值观占领农村阵地成为党的农村文化政策取向。2015—2017 年连续三年强调培育新乡贤文化在涵养文明乡风引领中效果明显,值得关注。

2. 紧紧扭住农村文化设施建设这个短板

阵地、队伍、活动是文化发展的三个有力抓手,特别是阵地建设作为农村文化发展的基础物质条件,由于历史欠账,一直是农村文化发展的短板因而成为中央一号文件长期关注的焦点,20 个中央一号文件中 13 个涉及农村文化设施。政策一开始就强调制订农村文化设施建设规划,符合文化建设的战略性、全局性、长远性的特征,也符合改革开放初期地方财政实际。阵地是一个抽象的表述,文化中心才是一个实体,中心装哪些内容,安哪些设施,如何发挥这些基层文化公共设施整体效应,村级文化中心是综合性的,乡镇文化中心是区域性的,这都是我们这几十年在发展农村文化过程中逐渐认识并清晰起来的,也是我们"摸着石头过河"改革和建设的探索结果。

3. 始终关注农村公共文化服务总目标

随着时代的发展,业界对公共文化服务的特征的认识也在不断演变。从 21 世纪头 10 年的"公益性、基本性、均等性、便利性的要求"开始,业界逐渐将目光聚焦到当前的公共文化设施和服务标准化、均等化、社会化。为了实现这一目标,我们通过公共文化设施标准化来保证文化服务的均等化,同时通过服务社会化以提升服务效益和质量。值得一提的是,2018 年中央一号文件首次对农村公共文化服务提出了具体而实际的"四有"要求,即有标准、有网络、有内容、有人才。这一要求无疑更加具体、实在和贴近实际需求。近年来实施的一系列文化惠民工程,旨在缩小民族地区、贫困地区、边远地区的文化发展差距,保障农民工、留守儿童、留守妇女、孤寡老人等特殊人群的文化权益。这些举措取得了显著成效,基本上解决了看书难、看戏难、看电影难、收听收看广播电视难的问题,成为农村文化建设中备受关注的话题。在未来,我们还需继续努力,以实现公共文化服务的全面提升。

4. 长期重视城乡文化统筹发展新途径

长期以来,我国城乡二元结构致使农村文化建设落后于城市,滞后于农村广大居民的文化需要。乡村文化是中华优秀传统文化的根和魂,保留着许多中华文化优秀的基因,具有城市文化少有的人与自然共生的智慧和价值。随着新世纪中央对农村政策的调整,"工业反哺农业、城市支持农村,实现工业与农业、城市与农村的协调发展"多项措施的落实,城乡文化统筹发展成为中央一号文件强调的内容。一方面,文化、科技、卫生"三下乡"体制化、制度化,城市文化工作者支援农村经常化;另一方面,加大农村文化服务总量供给,以公共文化服务设施的标准化推进城乡文化一体化,缩小城乡文化发展差距。

5. 一以贯之关心农村文化建设的社会力量

政府文化部门是农村文化建设主力军,但改革开放初期基层政府财力有限,从20世纪80年代开始就出台了"鼓励扶持农村文化设施农民办"政策。农民不仅是农村文化的享受者,也是农村文化设施的建设者。从后来的文件看,农村文化建设的社会力量除了本地农民外,还包括在农村的企事业单位和社会组织、本乡本土在外成功人士以及城市文化工作者、文化志愿者等。

(三)政策展望

随着中国特色社会主义进入新时代,习近平总书记关于乡村产业振兴、人才振兴、文化振兴、生态振兴等方面有许多新的论断,而未来农村文化发展的政策主要有以下三个趋势:

1. 出台农村文化法律

政策与法律并行,是当前中国政治生活实践中的现实问题。随着依法治国的深入推进和"文件治国"的高昂成本、政策低效,出台农村文化发展的法律是必然选择,也是国家治理体系和治理能力现代化的必然要求。农村文化发展方面的法律还是一片空白,因此我们有理由相信未来会很快将《农村文化发展促进法》纳入国家立法进程。

2. 颁布乡村文化振兴规划

实施乡村振兴战略是党的十九大做出的英明决策。文化兴则国运兴,文化强则农村强。乡村文化振兴,规划先行。乡村文化振兴的指导思想、重要原则、战略目标、主要任务、实施路径等,需要出台更高层次的政策来保障。

3. 设计农村文化民主政策

重构农村文化,更多的是学者研究、媒体呼吁、官方文件的提法,很少有农民自身提出这样或那样的要求,但这并不代表农民就没有这方面的需要。田野调查统计显示,绝大多数农民都有对农村公共文化向往的意愿。实地访谈中了解到,供给农家书屋的书目有很多不是农民借阅的意愿,文化集中大于文化民主因而出现结构性的供给不足。因此,农村文化发展中文化民主的政策设计是未来农村文化建设的趋势,要做到文化民主基础上的集中和集中指导下的文化民主的有机结合。

第二节 乡村文化振兴的实施路径

促进乡村文化振兴,要从增强文化自信与文化自觉加强农村思想道德建设、丰富符合农民精神需求的公共文化产品供给、培育挖掘乡土文化人才、培育乡贤文化等方面着手。

一、增强文化自信与文化自觉

增强文化自信与文化自觉对于振兴乡村文化具有重要意义,这需要从中华文明发展史的视角来正视当前现有的乡村文化,中华文明根植于乡村,从农耕文明到传统的乡村文化,全都扎根于富有乡村文化气息的农村。从别具一格的宅院村落,到格外壮观的农业景象,从别具特色的风俗活动,再到多姿多彩的民间艺术;从祖传的言辞家训,再到邻里守望的乡土风情,无不彰显着中华文明的精髓,透露着中国优秀的传统文化,凸显着中华文明几千年生生不息的优良传统,同时这也都是华夏文明生生不息的鲜明特征。现如今,人们在聊到传统文化的时候,总是概括性地阐述传统文化的抽象意义,很大程度上忽略了这些文化历史产生的根本所在,简单来说就是没有充分认识到其历史条件与社会土壤,淡忘了其产生根基。因此,振兴乡村文化需要从历史的视角出发来审视乡村文化,在充分挖掘历史资源的基础上来看待乡村文化,以现代人的角度来致敬乡村文化,以现代人的眼光来正视乡村文化。在现代化进程当中,要着重于农村与城市的协调发展,要充分认识到它们之间只是空间上存在一定的差异,农村市民与城市市民职业上存在一定的差别,如何让乡村文化成为乡村振兴的原动力,实现乡村振兴,这是一个令人深入思考的重要课题,同时也是具有深远意义的重要课题。中华优秀传统文化传承了几千年永垂不朽、生生不息,应当在尊重现有乡土文化的基础上,充分保护农村现有的生活文化,并帮助农村生活文化实现自我更新,与现代文化有机结合,赋予它新的内涵,成为新时代独具特色的风采,在新时代中,充分展现它的无穷魅力与风采,展现它的建设意义与价值,这与城市文化生活相呼应且相映生辉。

二、加强农村思想道德建设

农村加强思想道德建设需要坚持实施教育指导、实践培养和制度保障,并采用适应农村特点的有效方式。必须积极进行习近平新时代中国特色社会主义思想的普及教育,并且全面增强民族意识与时代意识。一是需要加强农村党组织在乡村振兴中的领导作用。党支部书记和村委会主任作为乡村的"关键少数",必须首先保持公正、廉洁,以身作则,为群众树立榜样。党中央已经对那些侵害了农民权益的小规模贪污行为进行了严格的审查。在 2017 年年末,《关于建立健全村务监督委员会的指导意见》由中共中央办公厅、国务院办公厅印发,其中重点是要加强对农村干部的监督管理。依据村民自治规定和村务监管建议,强化农村的法治化和协商民主化建设。依据地域特性推动农业产业的发展,以此提升农业效益、增加农民收入并推动农村的繁荣,践行社会主义核心价值观。随着新形势的发展各种农村合作社等乡镇联盟经济增长,可以积极地协助群众解决农民的农业生产生活中的难题,也有利于推动群众主义与社会主义理念的前行。

二是需要深度探索包含优秀思想观念、人文精神和道德规范的农耕文化,并充分发挥其在团结人心、教化群众、改善民风方面的关键作用。"天下之本在家",是家庭文化文明建设的宝贵精神财富。道义伦理、社区法则和传统习俗构成农村管理的核心支撑,同时也构成农村文化塑造的关键工具。传统的乡村文明是有其指导原则、价值观念和内在精神的,乡村文化主张孝敬父母、尊敬教师、和睦家族、尊重亲人、和睦邻里、遵循道德规范、追求生活理想、勤奋工作、专注学习、严谨教育、正确的婚姻、恪守职责、崇尚节俭、宽恕他人、避免纷争、戒除赌博、重视友情等方面。这些乡土风俗箴言,都是从孝道延伸到忠诚,从家庭延伸到国家,构成一个完整的文化谱系。乡村通过族群认同以获得国家的认可,进而维护农村社会的和谐稳定。以王守仁《南赣乡约》、朱熹《朱子家礼》、吕氏四贤《吕氏乡约》等代表乡约圭臬,在传统农村社会的管理中扮演着不可替代的关键角色。借助中华传统文明文化,需深入研究农村传统道德素养教育以及农村习俗,以此来塑造由社会主义核心价值观所引领的乡土习俗以及农村道德教育体系,以实现乡村自治、法治以及道德管理融为一体的结合,从而建设优秀的乡村发展环境。

三是对科学理念和无神论的推广教育,推广科学知识,反对各种迷信行为,提升群众的科学文化修养。维护祖国的统一和中华民族的大团结,引导公民遵守国家法律法规和社会公德。

三、丰富符合农民精神需求的公共文化产品供给

"多一个球场,少一个赌场;多看名角,少些口角。"乡村急需补齐文化短板,完善文化基础设施,公共文化资源重点向乡村倾斜,为农民群众提供更多更好的农村公共文化产品和服务,让健康的公共文化生活填补农民群众的闲暇时间,在文化实践中丰富农民精神文化生活。文化供给要有效利用乡土文化资源,重内涵、重品质、重效果。比如,在浙江不少农村,结合当地传统民俗文化来建设农村文化礼堂,将闲置的传统的旧祠堂、旧戏台利用起来,翻修改造而成。这些文化礼堂,不仅有村史乡约的介绍,而且经常举办文娱、宣讲、礼仪、议事、美德评比等活动,为农村群众打造集思想道德教育、文体娱乐知识普及于一体的活动乐园和精神家园,成为当地新的文化地标和村民的精神家园。乡村的公共文化场所首先应该是吸引老百姓去的活动场所。广泛开展农民乐于参与的群众性文化活动,占领和巩固广阔乡村的思想文化阵地。一些地方通过建立庄户剧团、成立曲艺班社、组织歌舞竞赛、经营杂技场子、参与节日游艺、倡导体育健身,寓教于乐。散发着浓郁乡土气息的地方戏是乡村文化的重要载体,讲的是当地老百姓生活中的人和事,剧中人物的语言、行为方式等也带有浓郁的地方特色,有着其他艺术门类无可比拟的亲民性与生动性,是百姓

重要的精神食粮,理应当好乡土文化的表达者,为乡村振兴注入文化动能。对具有生命力的地方戏进行必要的梳理、提炼与再创造,从乡土生活积累丰富的创作素材,表现好当代中国乡村的面貌,讲述好当代中国乡村的故事,激励农民群众投身乡村建设。要鼓励农民种好自家门口的"文化田",将本地的剧、曲、舞、乐、歌等作为娱乐审美的主要手段和精神生活的重要依托,收获属于农民群众的快乐。起源于浙江丽水的乡村春晚就是一个范例。它是春节期间农民群众自办、自编、自导、自演的一台联欢晚会。这个既"土得掉渣"又不乏现代气息的农家秀,弘扬了社会主义核心价值观,聚人气、接地气,是传承农村优秀传统文化,增强农民的文化自觉和文化自信的重要抓手。例如,河北省邯郸市武安市的楼上村,村民普遍懂戏,当地流传一种平调和落子,由此该村定位发展为"山居戏乡""平调落子戏曲小镇",开发了戏曲产品、茶馆以及农家院等;衡水市武强县的周窝村,据考察是一个商代村落遗址,该村抓住文化产业发展机遇,突出乐器文化产业支撑,打造了"音乐小镇",发展了器乐产销基地、音乐创作园区以及无线音乐基地等。

农村普及的大众媒介以电脑、智能手机和电视为主。2016年,习近平总书记在网络安全和信息化工作座谈会上强调,网络空间是亿万民众共同的精神家园,建立良好的网络生态符合绝大多数人的利益,要积极发挥网络在引导舆论、反映民意上的作用。为打通基层信息传播的"最后一公里",激活农村的"神经末梢",党中央加强农村网络基础设施建设,铺设组织化"信息公路"。2016年10月,中央网信办、国家发改委和原国务院扶贫办(2021年改为国家乡村振兴局)联合下发了《网络扶贫行动计划》,在农村贫困地区建立网络扶贫信息服务体系,并将其纳入国家精准扶贫计划体系。针对农村文化信息量严重不足的现状,一些农村地区尝试建立以村民为基本单位的QQ群、微博、微信公众号等平台以实现村干部与村民之间的网上交流,这既构建了党建统领、共建共享的农村治理新体系,又丰富了文化建设内容。

四、培育挖掘乡土文化人才

农村具有丰富的文化遗产,有必要对其进行深度研究和发展,以此来保护和弘扬传统的乡土文化。一是必须保护那些具有农耕元素、民俗气息以及地域特色的乡土文化,同时也应该增强对于历史名城、传统村庄、历史建筑、少数民族的居住区、家族宗祠、历史文物、革命遗址、农业遗迹、灌溉工程等的保护力度。从住房和城乡建设部发布首批中国的传统古村落之后,我国就已经启动对这些古老的村庄的维护。从 2014 年 6 月开始我国的 223 个传统村庄已经开始进行档案的建设,这是一个初级阶段。二是必须继续保持乡村的活力,具有独特地理位置的文化遗址和本土风情能够增强当地的文化品位、发展程度、知名度和美誉,不只是独特的文化产业的重要资源,同时也给农民带来丰厚的利润。在"十二五"期间(不包括 2015 年),我国通过推进旅游业的发展,成功地帮助超过 10%的贫困人口摆脱贫困。需要妥善地运用和激发这些充满魅力的农村文化遗产,将其转变为高质量的、符合现代生活和现代审美的创新型、独特性的文化产业和乡村旅游产业。

培育挖掘乡土文化人才,必须积极发展农村文化建设的核心力量,以应对乡村文化发展中人才匮乏的问题。一是鼓励大学生村官、"第一书记"以及其他的村级领导人员投身于文化的发展中。关于文化支持农业的路径建设、内容指导和整体组织,国家相关部门应提供指导和协助,以便乡土文化人才能更有效地开展和协调农村文化活动。二是必须采取策略性的方式来培养当地的"草根文化团队",从而为农村的文化事业增添新的生机。构建农村文化不只是吸收,更需要在农田和村落中探索文化进步的内在推动力。必须充分肯定广大农民作为文化创造者的核心角色,唤醒其对文化创新的热情,并在推动文化创新的过程中增强农民的文化归属感。由于大规模的农业投入,以及基础设施的建设和农业新业态产业的进步,这都吸引许多大学毕业生和外出打拼的年轻人回到家乡进行创业。党的十八大以来,与农村文化发展相关的政策性文件陆续实施,比如《关于支持戏曲传承发展的若干政策》《重要农业文化遗产管理办法》《关于推动文化文物单位文化创意产品开发的若干意见》《中国传统工艺振兴计划》等,实施相关措施为本地对文化有浓厚兴趣的群体提供参与文化发展的机会。需要激励、唤醒以及指导大众根据农民的个体情况和兴趣,积极主动地扮演起本地独特的乡村文化的创作者、继承者、热衷者、运营者、管理者、推动者等角色。寻找全新的方法来培养本土的文化专家,这个过程将会与高校和文化企业进行合作,以便有针对性地培育本土的紧缺型人才。三是教育的核心职责之一是文化的传承和创新,应将"非物质文化遗产"融入学校的教学体系中。将其纳入学生的兴趣活动,进行有策略的系统推广和普及,寻找有效的传承方式,培养文化遗产传承的人才。四是激励艺术创作者积极投身于农村,与农民保持紧密的联系,创作出富含乡土气息、充满积极力量且深受农民喜爱的艺术作品。需要通过政策的指导，采取企业参与、对口援助和社会协作的方式，鼓励企业家、文化从业者、退休人员和文化志愿者等积极参与到农村的文化建设中，从而为农村文化发展提供动力。

五、培育乡贤文化

被称为乡贤的通常是在农村表现出优秀品质，并且在本地享有极高声誉的杰出人物。自宋朝起，中国的乡村治理由乡贤来主导。在传统社会中，乡土的智者文明主要展示农村的人性和伦理气质。乡贤文化在宗族自治、民风淳化、伦理保持以及激发乡土情感和集体认同感等领域中扮演着不可或缺的角色，其内含的文化道德影响力对于推进农村的文明进步起着关键的作用。因此，无论是政府还是社会，都应积极提倡和培育乡贤文化。一是要重视历代的伟大人士，将他们的故宅和遗迹等都列为农村的文化财产进行保护，深度研究本土的伟大人士的生平，提升本土公众的文化骄傲，继承先贤精神，并且要积极弘扬优良的家风和农业习俗。二是要主动塑造并追求新的乡贤，推广新乡贤的文化，指导乡村社区在看到优秀人才时，思考他们的道德品质，以此推动新乡贤在乡村振兴过程中发挥积极的作用。"新乡贤"包括农村的杰出基层领导、家乡的道德楷模以及热衷于家乡建设、回馈社区的企业家等。当地的行政部门有能力创造一个让乡亲们讨论的场所，并且构建一个乡亲们的沟通渠道，以便他们能够对农村的信息进行交流，从而引导他们积极投身于农村的建设中。乡村基础设施的不断完善，以及居住条件得到显著的优化，这将吸引更多的本地优秀人才，也将促使那些离开故土的优秀人士在退休之后回到故乡，这样就为产生新的乡贤文化创造了条件。共同建设一个民风淳朴、深受教育、崇尚道德的现代化农村，从而塑造出一种全新的乡村文化氛围，让乡村文化在中国特色社会主义文化中焕发出更多的生命力与活力，让农村重新变成充满诗情画意的乡村家园。

参 考 文 献

[1]李颖.乡村振兴背景下农村基层治理机制创新研究:以B市M乡为例[J].
农村经济与科技,2023,34(13):141-144.

[2]刘晓娟.基于乡村振兴战略的农村基层治理问题及对策研究[J].农家参
谋,2022(22):7-9.

[3]谢鑫.农村基层治理资源的整合与优化路径探析[J].领导科学,2022
(11):109-113.

[4]何云婷.从主体到规则的转向:资源下乡背景下农村基层治理研究[J].东
北农业大学学报:社会科学版,2022,20(05):72-79.

[5]桂华.国家资源下乡与基层全过程民主治理:兼论乡村"治理有效"的实现
路径[J].政治学研究,2022(05):27-38,152.

[6]孙强强.农村基层治理实验中的模糊性协商:概念框架、运行逻辑及其治理
效应[J].公共治理研究,2022,34(05):60-67.

[7]王红云.个体化视角下的农村基层治理困境与突破路径[J].农业经济,
2022(09):59-60.

[8]冯超.党建有效引领农村基层治理:机理与路向:基于领导权运行的视角
[J].中共宁波市委党校学报,2022,44(05):97-106.

[9]毛小静.人才振兴视域下农村基层治理能力现代化转型问题及对策研究
[J].广州广播电视大学学报,2022,22(04):28-32,108.

[10]刘慕英.探究乡村振兴视域下农村基层治理问题及对策[J].农场经济管
理,2022(08):25-28.

[11]陶晓娟,谭毅.农村基层治理现代化路径与成效分析:以A农村为例[J].
佳木斯大学社会科学学报,2022,40(04):29-31.

[12]张新,饶爱鹏,郝必成.乡村振兴视野下提升农村基层治理水平的实践探
析[J].中国农村科技,2022(07):41-44.

[13]马鑫.乡村振兴战略下农村基层治理的优化路径[J].农村.农业.农民:B

版,2022(06):30-31.

[14]刘洁琼,姚远.乡村振兴视域下党建引领农村基层治理的探索与实践:全国基层治理示范村谭策屯村解析[J].山东农业工程学院学报,2022,39(06):46-51.

[15]岳奎,张鹏启.新时代党建引领农村基层治理路径探析[J].行政论坛,2022,29(03):82-89.

[16]任佳嘉.乡村振兴背景下提升农村基层治理效能的路径[J].乡村科技,2022,13(10):6-9.

[17]陈跃.乡村振兴背景下积分制管理在基层治理中的作用[J].南方农业,2022,16(10):152-154,159.

[18]李翔,毕兰雪.协商民主提升农村基层治理效能的三维分析[J].行政科学论坛,2022,9(04):34-38.

[19]欧致畯.乡村振兴战略背景下农村基层治理的法治化路径探究:以百色市为例[J].法制与经济,2021,30(10):6-12.

[20]齐高龙.新乡贤融入农村基层治理的省思[J].辽宁行政学院学报,2022(02):92-96.

[21]史海燕.党建引领农村基层治理创新:基础、困境与路径[J].贵阳市委党校学报,2022(01):23-29.

[22]寻庆格,曹毅哲.乡村振兴战略下我国小农户存续与发展路径[J].太原学院学报(社会科学版),2022,23(06):51-59.

[23]侯进炳.基层农村推进乡村振兴战略的路径探讨:以九岭村美丽乡村建设为例[J].现代商贸工业,2022,43(24):48-50.

[24]石琳.乡村振兴战略下农业循环经济发展策略[J].南方农机,2022,53(22):112-114.

[25]杨萍.论乡村振兴战略实施中如何强化乡村文化建设[J].农场经济管理,2022(11):63-64.

[26]张伟,刘欣雨.发展农村集体经济助推乡村振兴战略的逻辑、挑战及对策[J].新经济,2022(11):102-105.

[27]赵君怡.乡村振兴战略下乡村产业发展的法治保障路径[J].当代农村财经,2022(11):46-51.